Med Kamel YAHIAOUI

Guerre d'Algérie

De l'amitié et de l'amour aussi

Copyright © 2016/2020, Med Kamel YAHIAOUI

Tous droits de l'auteur réservés dans tous les pays.

Edition : Books on Demand,
12/14 rond-Point des Champs-Elysées, 75008 Paris

Impression : BoD - Books on Demand, Norderstedt, Allemagne

Distribution : SODIS groupe GALLIMARD, France

Dépôt légal juin 2020, France

ISBN n° 9782322233922

Préambule :

De l'insouciance d'une enfance qui baignait dans un esprit d'amitié, de camaraderie et de fraternité malgré leur différence ethnique ou sociale jusqu'au jour où, âgés à peine de douze ans, ils assistèrent au début des horribles tueries entre les deux communautés.

À l'âge adulte, c'est l'affrontement des idées et des armes entre ceux-là mêmes qui étaient, quelques années plus tôt, unis comme les doigts d'une même main.

Les atrocités de la guerre allaient crescendo, quelques-uns choisirent de défendre l'une ou l'autre cause, parfois bien plus par les armes que par la parole.

Malgré cette guerre, un grand nombre d'entre eux ne renonceront pas pour autant à leur amitié ni à l'amour, espérant vivre ensemble, retrouver leur dignité pour les uns, continuer à vivre pour les autres, dans le pays qui les a vus naître, eux et leurs aïeux, pour peu qu'ils renoncent à leur privilège du passé.

Ces adeptes pacifiques, malgré les vicissitudes, ont su préserver leur convivialité amicale d'avant, pendant la guerre, de l'amour aussi, comme l'indéfectible amour de Madeleine l'Européenne et Kamel, l'autochtone.

Un sage du village disait : les cloches de l'église continuent à tinter pour la messe du dimanche tandis que le muezzin de la mosquée appelle à la prière du vendredi, les deux communautés prient un même Dieu, appelé différemment peut-être, mais, qui prône l'amour du prochain, lui.

Ne serait-il pas mieux de continuer à vivre ensemble, équitablement, se pardonner la haine de la guerre et construire une nouvelle Algérie où vivront ses enfants des deux communautés.

6

Chapitre I

À l'école

Les enfants indigènes me scrutaient comme si j'étais un privilégié, alors que pour les Européens, j'étais le petit indigène, rigolo et sympathique, différent des autres fils de ceux que l'on appelait communément tantôt les Arabes ou les indigènes.

Il faut dire que pour gagner l'amitié des enfants européens et surtout la tolérance de leurs parents afin de pouvoir fréquenter leur progéniture, il fallait faire montre de qualités méritoires.

Pour y parvenir, j'avais réussi avec insistance à persuader mes parents de troquer mon mode vestimentaire, *chéchia* et *gandoura*, contre culottes courtes et chemisette et je m'étais promis, pour faire bonne figure et braver les clichés d'infériorité, d'être sur le podium des bons résultats scolaires.

Dans la cour de l'école, au moment de la récréation du matin comme celle de l'après-midi, on voyait toujours le même décor, une flopée de tabliers de couleur bleue pour les garçons et rose pour les filles.

Malgré la mixité, chacun tenait à son genre, les filles d'un côté, les garçons de l'autre.

Seule exception, Madeleine, la fille du vétérinaire, intégrée dans notre groupe de chenapans, car son frère Gabriel en faisait partie.

Madeleine était mignonne, de longs cheveux noirs, des yeux clairs, un peu ronde, mais le critère de minceur, n'était pas à la mode à cette époque, et à peine âgée de onze ans et quelques mois, comme moi.

J'étais secrètement amoureux de cette fille et, malgré ma discrétion, cela n'échappait au regard méfiant de son frère Gabriel.

L'école était un des seuls lieux où il était possible d'approcher Madeleine, car, si nous, garçons du groupe, pouvions nous retrouver dans le quartier pour jouer ensemble, les filles en étaient exclues, et celle qui osait le faire était traitée systématiquement de « garçon manqué ».

À propos de cette école, il y avait au moins six classes de différents niveaux et chaque instituteur ou institutrice avait une réputation donnée par ses élèves.

Parmi eux, le maître de la classe du CM1. On disait de lui que lorsqu'une mèche de ses cheveux tombait sur ses yeux, il devenait comme un enragé et qu'il fallait se tenir à carreau pour éviter de recevoir des coups de règles sur les doigts.

À l'inverse, celui de la classe du CE1 offrait quant à lui des bonbons à ses meilleurs élèves en guise de récompense.

L'institutrice qui avait la faveur de tous ses élèves était madame Quizeppi ; elle distribuait des bons points que l'on échangeait par la suite contre des images. Elle installait les bons élèves au premier rang de la classe et était d'une douceur reconnue unanimement.

Les élèves autochtones qui étaient d'ailleurs peu nombreux n'osaient pas dire à leurs parents, le nom de leur maîtresse, car ce nom était une insulte qui signifiait : « Comme mon sexe ».

Ces petits écoliers indigènes de condition modeste et misérable faisaient l'objet de toutes les brimades et moqueries de leurs congénères européens particulièrement à propos de leurs habits et leur cartable en tissu.

Mais il y avait ceux qui les défendaient aussi contre ces brimades tels Madeleine et Gabriel ou encore les enfants du directeur de l'école.

Madeleine avait trouvé comment se moquer de ces moqueurs, elle leur répliquait que ces enfants indigènes étaient peut-être mal habillés, n'avaient pas de soutien scolaire par leurs parents analphabètes, mais leur résultat scolaire était plus méritoire que les vôtres.

Il y avait une autre source de moquerie que certains élèves ne cessaient de ressasser :

Nous étions un petit groupe d'élèves indigènes qui se livraient à des drôles de jeux avant d'entrer en classe :

Parmi nos prouesses, l'électrocution des élèves.

On se mettait à proximité du poteau électrique de l'école.

Dès qu'un élève passait, nous lui tendions la main pour lui dire bonjour.

Tout en lui serrant la main, nous posions notre autre main sur le poteau et là il recevait une décharge électrique.

En effet, quand le sol est mouillé, le poteau n'était pas étanche et, en posant la main dessus, c'est le dernier qui prenait la décharge électrique !

Autre prouesse, les mégots de cigarettes.

On fixait une aiguille au bout d'une règle en bois, puis on sillonnait les trottoirs à la recherche de mégots.

Nous les ramassions, sans nous baisser, en les piquant avec l'aiguille au bout de la règle.

Nous extrayions ensuite le tabac potable et le vendions comme du tabac à rouler aux élèves.

Et gare au dénonciateur s'il venait à rapporter notre petit manège au maître d'école !

On lui montrait discrètement le rapporteur, l'outil de dessin en classe, ce qui signifiait : « On t'attend à la sortie pour la raclée, espèce de rapporteur ! ».

Les habitants du village étaient une sorte de melting-pot et si ces enfants d'autochtones pouvaient aussi bien ressembler aux enfants d'Européens de souche française, italienne, espagnole, maltais ou autres auxquels l'ardeur du soleil donnait un teint basané commun, ils avaient cependant des signes distinctifs qui ne prêtaient pas à confusion.

Des vêtements fripés et rapiécés, généralement des calottes rouges comme couvre-chef et, en guise de cartable, un simple baluchon en tissu cousu par la mère.

Et si les tabliers obligatoires bleus ou roses leur servaient de cache-misère en classe ou dans la cour de récréation, c'est aux portes de l'école, à la sortie ou à l'entrée, que paraissaient ces injustes différences.

Il n'y avait pas que la différence vestimentaire, mais aussi les lieux de vie et les espaces de jeu.

Les Européens habitaient en général dans les beaux quartiers dans des villas, maisons ou bâtiments jouissant de tout le confort.

Les indigènes, eux, logeaient dans des baraquements ou gourbis en périphérie du village.

Les mieux lotis d'entre eux habitaient au village, dans des maisons basses dites arabes, des chambres construites en rez-de-chaussée autour d'une cour commune où se trouvaient un cabinet de toilette et un robinet d'eau courante à usage collectif.

On y accédait de l'extérieur par une porte unique et, hormis les habituels résidents, tout visiteur devait toquer à la porte en annonçant chez qui il venait.

C'est d'ailleurs dans ce genre d'habitation que j'étais né et vivais encore avec mes parents.

Chapitre II
De l'amitié et de la convivialité

J'étais un des rares enfants indigènes à fréquenter les camarades européens de l'école, probablement par mon zèle à vouloir leur ressembler.

J'allais souvent dans leur quartier pour y jouer et explorer des jouets que mes parents ne pouvaient m'offrir, tels un vélo ou une paire de patins à roulettes.

J'avais une nette préférence pour Gabriel et Madeleine, les enfants du vétérinaire.

Il y avait plusieurs raisons à cela.

D'abord, j'étais discrètement amoureux de Madeleine, et son frère Gabriel n'hésitait pas à me décourager dès qu'il apercevait un quelconque geste affectueux à l'égard de sa sœur.

Ensuite, le père de Madeleine et Gabriel m'avait adopté presque comme son troisième enfant, comme il l'avait fait, une décennie plus tôt, avec mon grand-père, son compagnon de lutte pendant la Seconde Guerre mondiale contre les Allemands.

C'est d'ailleurs grâce à lui que j'étais inscrit à l'école.

La mère était également gentille avec moi et elle insistait toujours pour que je prenne le goûter avec ses enfants. Je dirais même que sa générosité à mon égard suscitait une pointe de jalousie chez Gabriel, car elle me donnait toujours la plus grosse part de gâteau.

Un jour, Madeleine m'avait susurré, en cachette, que sa mère avait dit à Gabriel que je n'avais pas la chance, comme lui, de manger souvent des gâteaux.

C'était la seule famille européenne à qui ma mère rendait visite. Et pour cause !

Un jour, ma mère tomba malade et dut être conduite à l'hôpital de la grande ville en urgence. Son état ne lui permettait pas d'être transportée en bus.

Alors que je me dirigeais vers la station de taxis, au carrefour de la rue, je me trouvai nez à nez avec Madeleine et sa mère, panier de courses à la main.

Madeleine, voyant mon air désappointé, me questionna :

— Ça va, Kamel ?

Je lui parlai de l'état de ma mère.

Je n'avais même pas fini ma phrase que sa mère me demanda :

— Allez, viens vite avec nous !

En arrivant devant la porte de leur villa, la mère confia le panier à Madeleine, lui demanda de ranger les courses, m'invita à monter dans sa voiture garée juste à côté et démarra.

Les voisins autochtones furent atterrés de voir cette Européenne ressortir de chez moi, soutenant seule ma mère à bras-le-corps jusqu'à la voiture.

Depuis ce jour mémorable, ma mère ne rata pas une occasion d'aller la voir, soit pour l'aider à faire le ménage (sauf à nettoyer la croix de Jésus) ou lui faire les courses au marché.

Et gare à sa bienfaitrice, si elle tentait de la rétribuer, ma mère le refusait systématiquement en lui rappelant que c'est grâce à elle qu'elle est toujours en vie.

Ma mère réussit même à emmener la mère dans un hammam fréquenté uniquement par des femmes indigènes, elle était la seule femme européenne parmi les fatmas !

Cette prouesse devint une légende dans le village, et il y avait de quoi.

Une de nos meilleures distractions, Madeleine, Gabriel et moi, c'était d'entendre les mères, se parler.

L'une baragouinait un peu de Français et l'autre un peu d'arabe.

À les entendre dialoguer, nous ne pouvions retenir nos éclats de rire en chœur.

Voilà donc pourquoi, j'avais un libre accès à cette immense villa des parents de Madeleine et Gabriel qui n'avait rien de comparable avec les deux chambres de la maison arabe où j'habitais.

De magnifiques meubles et ornements d'intérieur à l'avenant, que je regardais avec envie dès que nous pénétrions à l'intérieur de la villa.

Curieusement, je faisais le parallèle avec une histoire contenue dans mon livre scolaire, où il était écrit à peu près ceci :

« Mon père est assis à table. Il lit son journal. Grand-Mère sur son fauteuil au coin de la cheminée tricote. Maman prépare le dîner dans la cuisine ».

Pensez-vous que je pouvais disserter à l'école sur un tel sujet quand, chez moi, mes parents étaient analphabètes, il n'y avait pas une table à manger, pas de fauteuil ni de cheminée, encore moins, une cuisine !

À propos des devoirs, il m'arrivait parfois de les faire en compagnie de Gabriel et Madeleine.

Ma matière de prédilection était surtout les mathématiques, j'étais nul en géographie et pire en histoire.

Évidemment, j'apprenais à l'école que mes ancêtres étaient les Gaulois, les réputés druides, et que les habitations gauloises étaient plus développées que les grottes de leurs contemporains.

Et bien que je comparasse le druide-guérisseur au charlatan marabout musulman du coin ou encore les gourbis indigènes aux huttes gauloises, cela n'expliquait pas ma prétendue filiation.

Côtés parents, quand je leur posais la question à propos des Gaulois, la réponse était des plus déroutantes. Mon père ressassait à chaque fois :

— Je n'ai jamais entendu parler de Gaulois, c'est une tribu de quelle région, ça ?

Ma mère était un peu plus explicite. Par tradition, ce sont les mères qui véhiculent oralement l'histoire de la famille et les origines de la tribu à laquelle elles appartiennent.

— Nous sommes d'une tribu berbère des Aurès, islamisée par les Arabes il y a très longtemps. Nos plus lointains ancêtres sont les Numides. À proximité du village, dans le lieu-dit Massine, se trouve un tombeau. On dit que c'est le tombeau du colon, propriétaire des terres ou d'un prêtre chrétien de la région. En fait, c'est celui d'un Berbère, un de nos aïeux qui s'appelait Massinissa, roi de l'empire numide qui est devenu l'Algérie actuelle.

Berbère, Gaulois, Français ou indigène, une complexité d'identification qui expliquait probablement ma nullité en histoire !

Avec les autres amis européens, nous nous retrouvions souvent devant la maison du garde champêtre, une demeure en retrait de la ville. Il y avait derrière la maison, un immense terrain pour jouer et devant, un couloir assez large et plat pour faire du patin.

Les jeux étaient plus variés, car nous disposions d'une panoplie de jouets, vélos, patins à roulettes, billes et bien d'autres encore.

À l'inverse, nous ne pouvions nous adonner aux bêtises tant nous étions sous la surveillance discrète des parents qui s'étaient respectivement passé la consigne.

Chapitre III
Les vacances maudites

Enfin, les vacances scolaires de cet été arrivent.

Notre petit groupe d'amis inséparables, était composé de Gabriel et sa soeur Madeleine, Jean et Antoine, les fils du garde champêtre, François et son frère Fernand (que nous appelions le cancre) car il avait trois ans de plus que notre moyenne d'âge, fils de Gaston, l'adjoint au maire et moi-même.

Cette année, nos vacances risquaient d'être compromises, car elles débutent dans une ambiance inhabituelle.

Des agitations perceptibles dans le village et des rumeurs parvenaient jusqu'aux oreilles des enfants.

Il paraît qu'au mois de novembre, tout juste huit mois auparavant, dans une ville non loin de notre propre village, des hors-la-loi armés avaient attaqué et tué des militaires et des civils français.

On disait également, qu'à peine deux kilomètres de notre village, deux colons européens avaient été tués, leurs fermes brûlées.

Un peu plus loin, ces hors-la-loi avaient égorgé le garde-barrière, sectionné les rails du chemin de fer et coupé les poteaux électriques.

Hors-la-loi, insurgés ou agitateurs, c'est ainsi que l'on nommait ces gens-là.

Mais pour nous, enfants, l'appellation desdits hors-la-loi ne signifiait pas grand-chose, à tout le moins, probablement des méchants, contre qui, par naïveté enfantine, nous avions inventé un jeu qui consistait à choisir, chacun à son tour, le héros de nos légendaires bandes dessinées capable de les anéantir.

Fernand était le plus âgé, il avait au moins trois ans de plus que nous, il était déjà trop arrogant pour être aimé d'un grand nombre d'élèves aussi bien indigènes qu'européens.

D'ailleurs, son jeu préféré était un fusil en plastique avec lequel il nous menaçait ostentatoirement.

Les villageois continuaient à épiloguer sur les évènements, les uns alarmistes, les autres rassurants.

En effet, les actions de ces insurgés que l'on avait baptisés « fellaghas » ne semblaient pas anodines.

En dehors de notre proximité, pas moins de cinquante attentats perpétrés à travers le pays visant essentiellement des militaires, des civils français et des édifices. Le bilan était des plus inquiétants.

Les ratissages et arrestations par l'armée d'une partie des autochtones impliqués ou non dans ces actes démontraient bien qu'il s'agissait d'une organisation structurée et laissaient présager que d'autres attaques n'étaient pas à exclure dans les jours ou les mois à venir.

Ces craintes s'étaient d'autant amplifiées que les autorités tentaient maladroitement de minimiser ce drame pour ne pas affoler la population, alors que, par ouï-dire, les gens étaient abondamment informés de ce qui se passait réellement.

Bien qu'avec réticence, nos parents respectifs finirent par accepter notre départ en vacances malgré ces évènements jugés à tort ou à raison, embryonnaires.

Madeleine et Gabriel finirent par partir comme prévu chez leur tante dans une ville balnéaire réputée dans la région.

Jean et Antoine partirent dans la montagne verdoyante, leur père, garde champêtre, ne cessait de glorifier ce lieu privilégié par sa nature, la tranquillité, l'air pur que l'on respire à pleins poumons où encore côtoyer les paisibles animaux des forêts.

Comme chaque année, nous nous étions promis de nous écrire pour raconter le déroulement de nos vacances.

Gabriel et Madeleine étaient les plus chanceux d'entre nous, ils passeront des vacances en mer chez une tante qui habite dans une maison à quelques centaines de mètres des plages que les habitants nomment fièrement « Au sable d'or ».

Jean et Antoine, les fils du garde champêtre passeront leurs vacances, comme d'habitude, avec leurs parents dans une maison en pleine campagne, adossée à une montagne et une forêt verdoyante de la région.

Seuls François et son frère Fernand, les fils de l'adjoint au maire n'avaient pas jugé utile de nous dire où ils passeront leurs vacances d'ailleurs, ils se détachaient de plus en plus de notre groupe.

Quant à moi, mes parents avaient pris l'habitude de m'éloigner du village où nous habitions, car, disaient-ils, j'étais un peu turbulent, et, à vrai dire, je ne me plaignais pas d'une telle décision.

La ferme de Grand-Mère m'offrait l'immensité de l'espace, contrairement à l'étroitesse des rues de mon village, et je m'en donnais ainsi à cœur joie pour faire des bêtises, sans avoir les parents sur le dos.

Avant même d'arriver sur les lieux de vacances, je cogitais déjà, les prouesses à faire cette année, que j'écrirais plus tard à mes amis.

Il fallait faire preuve d'ingéniosité pour ne pas raconter les mêmes histoires de l'année précédente, ou je leur disais à peu près ceci :

Les enfants de la ferme étaient impressionnés cette année par mes extravagances d'enfant de la ville.

Comment voulez-vous qu'ils ne l'aient pas été quand, en arrivant parmi eux, je leur demandais où se trouvaient les toilettes alors que nous étions en plein champ, transformé de manière improvisée, en terrain de jeu.

Déjà, fallait-il leur expliquer ce qu'étaient des toilettes en ville, qu'ils ne connaissaient guère. Subtilement, un des enfants s'éloigna du groupe à une dizaine de mètres, releva légèrement sa *gandoura* des deux côtés et s'accroupit, pour simuler comment on s'y prenait pour faire ses besoins à la campagne.

Une autre fois, j'avais transformé l'abreuvoir des animaux en une piscine et avais vidé, en barbotant, son contenant d'eau, une denrée, dont les enfants remplissaient les bassins, en allant puiser cette eau, à environ un kilomètre de là, à pied, dans des bidons quelquefois plus lourds qu'eux.

J'avoue que ce jour-là, ils l'avaient mauvaise et je n'avais échappé à leur punition collective que parce que j'étais le petit-fils de la respectable grand-mère, propriétaire de la ferme.

Pourtant, Grand-Mère était réputée pour son équité et, si les faits lui avaient été rapportés, elle ne m'aurait pas épargné la correction comme, un an auparavant, j'avais reçu une bonne raclée pour avoir arraché et éventré pas moins de vingt pastèques dans le champ des melons, parce qu'aucune n'était assez sucrée à mon goût.

C'est enfin le jour du départ, mes affaires de voyage, une valise pour les vêtements et un baluchon fourre-tout, étaient déjà prêtes depuis deux semaines au moins.

Ma mère vint enfin me prévenir de mon départ.

Curieusement, alors que ma mère s'apprêtait à me réveiller, j'avais déjà les yeux ouverts alors que d'habitude pour aller à l'école par exemple, il aurait fallu négocier avant que je ne sorte du lit.

Préparé et prêt à partir en moins de cinq minutes, c'était une vraie prouesse.

Valise et baluchon dans le coin de la chambre n'attendaient que d'être empoignés.

Sourire et câlins en prime, maman ajouta cependant des réserves :

— Tu vas partir chez grand-mère, mais au moindre risque de nouveaux troubles, tes vacances seront interrompues, avec un retour immédiat à la maison.

— Tes vacances dureront un peu moins longtemps que d'habitude, car tu dois préparer ta rentrée au collège cette année.

Et dans la foulée, elle ajouta :

— Je vais prévenir Grand-Mère pour que ton oncle vienne te chercher à la gare ce dimanche. Et tâche de ne rien oublier, cette fois-ci !

L'unique chose qui me vint à l'esprit fut de vérifier, dans mon baluchon, si j'avais bien les sachets de bonbons que j'offrais fièrement à mes copains de la ferme en arrivant.

Sur le moment, j'étais enthousiaste et heureux, et, paradoxalement, je trouvais qu'attendre encore deux jours, jusqu'au dimanche, était trop long.

En guise de consolation, j'entrepris de m'imaginer le voyage au village de Grand-Mère situé à environ quatre-vingts kilomètres de là.

On y allait en train. Un train qui roulait à soixante kilomètres à l'heure en ligne droite, mais à la traversée d'une haute montagne à mi-chemin, on pouvait à l'aise acheter sans s'arrêter, des figues et du raisin que les petites paysannes du coin nous proposaient. C'est dire que le train ne roulait plus qu'à cinq kilomètres à l'heure à peine.

Mais le meilleur moment du voyage était l'arrivée à la gare de destination.

Généralement, c'est mon jeune oncle qui venait me chercher.

En effet, la ferme était située hors de la ville et il restait à parcourir environ quatre kilomètres encore dans la crainte de voir se réaliser des phénomènes étranges.

Il n'y avait pas une route goudronnée qui desservait la ferme, c'était juste un chemin emprunté par les chevaux et une calèche attelée serait précisément notre moyen de locomotion.

On racontait plein de légendes sur ce trajet-là.

Il y avait la « grotte de l'ogre noir », qui sortait chasser à l'heure où le soleil était au plus fort.

Un peu plus loin, c'était le « fantôme du cavalier » qui était tombé dans le ravin et qui surgissait dès que des voyageurs s'approchaient de la rivière.

Ou encore la belle et folle « princesse aux cheveux roux » qui vous envoûtait en vous fixant des yeux.

Et enfin, « la halte des mûriers », un immense verger et une source d'eau fraîche, réputés être l'ancienne propriété d'un autre malfaisant tué par les villageois.

Mon oncle s'arrêtait immanquablement, dans ce lieu, non seulement pour boire ou manger des mûres, mais juste pour faire un coucou à sa petite amie qui se trouvait de l'autre côté de la rive et qui, comme par connivence, elle se trouvait toujours là au bon moment.

D'ailleurs, mon oncle et moi avions un contrat secret entre nous, je ne devais raconter à personne cette rencontre amoureuse à distance.

C'est le jour de mon départ.

Mon père avait demandé la veille à un cousin de m'accompagner en voiture à la gare et j'entends à l'instant le ronronnement du moteur qui s'approchait de la maison.

Le cousin Ahmed est taxieur de son métier, comme on les appelle localement.

Nous sommes tous sortis l'accueillir à l'exception de mon père, déjà parti tôt au travail et dont je ressentais encore la douceur de son bisou sur ma joue.

Il y avait donc, ma mère, mon petit frère qui avait l'air de se réjouir de me voir partir pour bénéficier à lui seul de l'affection maternelle, et enfin ma sœur qui, par tradition patriarcale, n'avait pas le droit d'aller à l'école ni en vacances seule, elle apprenait par maman qui lui servait de mentor, pour devenir ensuite une véritable maîtresse de maison.

Après les embrassades, je montai dans la voiture, en direction de la gare. Le départ du train à destination de Grand-Mère était prévu dans une demi-heure.

Nous arrivâmes un quart d'heure après, le train était déjà à quai.

D'habitude, c'est le passager qui paye la course au chauffeur de taxi. Mais avec le cousin Ahmed, c'était l'inverse, c'est lui qui mettait la main au porte-monnaie.

Il me remit un billet de 5 francs pour acheter quelques friandises avant de monter dans le train.

Il était de tradition que les proches parents donnent un petit billet ou des pièces de monnaie aux enfants pour acheter, disaient-ils, des friandises.

Je revins donc cinq minutes après avec un sac garni de bonbons, de sucettes et de chewing-gums.

Il m'installa dans un compartiment et le train démarra aussitôt.

La chaleur était torride en ce mois d'août et l'air de l'extérieur qui pénétrait par les fenêtres du train l'était tout autant.

Les voyageurs étaient quasiment tous assoupis sous l'effet de la chaleur et mon tour ne tarda pas à arriver.

Je ne me réveillai qu'à l'approche de la gare de destination grâce au va-et-vient dans le couloir du train des voyageurs s'apprêtant à descendre.

Avant même l'arrêt définitif, je scrutai le quai à la recherche de l'oncle qui ne tarda pas à se manifester en agitant les bras.

Je faillis ne pas le reconnaître. Lui qui, au dernier séjour, était un grand gaillard de dix-neuf ans semblait visiblement avoir maigri et s'était laissé pousser une fine moustache comme pour s'affirmer davantage en tant qu'adulte.

Je lui passai mon baluchon à travers la fenêtre, un voisin de cabine m'aida et fit de même pour mon autre valise, puis je descendis du train pour le rejoindre.

Après de tendres embrassades, je repris mon baluchon, l'oncle prit la valise, puis nous nous dirigeâmes vers la fameuse calèche, mon moyen de transport estival préféré.

Nous prîmes donc le chemin pour rejoindre la ferme, chemin faisant, nous discutâmes jusqu'à l'arrivée à hauteur du lieu-dit la « halte des mûriers ».

J'aperçus soudain de l'amertume sur le visage de mon oncle et, tout en regardant la ferme de l'autre rive où apparaissait sa fiancée, je ne vis que des décombres calcinés.

Un moment méditatif, mon oncle se retourna vers moi et me dit :

— Tu sais, ce n'est pas des choses à raconter à un enfant de ton âge, mais je dois te le dire

— La ferme qui était dans ce lieu appartenait à mon oncle Hamou, sa fille Yasmina était ma promise.

— Nous nous sommes connus à l'occasion de rencontres familiales, et nous n'attendions depuis que l'aval de nos parents pour fixer la date de notre mariage.

— Il y a quelques mois, des maquisards descendus des montagnes environnantes avaient attaqué la ferme du colon voisin ; ils avaient tué un de ses fils, brûlaient les étables et les silos à grains.

— Par vengeance, à peine deux jours plus tard, le colon et ses fils, accompagnés d'un convoi de militaires, sont venus brûler la ferme et récupérer tout le bétail.

— Les colons père et fils, après avoir proféré des injures innommables, ont tué, à bout portant, mon oncle et deux de ses enfants alors qu'ils tentaient vainement de leur expliquer qu'ils étaient innocents.

— Préalablement à l'approche du convoi des camions militaires, ma fiancée Yasmina et ses deux autres frères se sont réfugiés dans la montagne en amont.

— Les travailleurs de la ferme et leurs familles se sont également éparpillés, les uns dans la forêt, les autres dans la montagne. Ils ont été épargnés par je ne sais quel miracle, à l'exception de deux hommes, à portée de fusil des militaires, qui ont été abattus.

— Cette expédition punitive de la part du colon à qui les maquisards, avaient saccagé sa ferme, tué son fils, été une réaction humainement prévisible, mais il aurait fallu chercher les coupables pour les punir et non pas se venger sur un voisin innocent.

Mon oncle marqua une pause puis reprit son récit :

— En fait, entre notre famille et le colon voisin, c'est un antagonisme centenaire. Notre famille était la propriétaire terrienne principale de la région.

— Au début de la colonisation de l'Algérie par les Français, notre famille fut dépossédée de ses terres les plus fertiles, qui furent attribuées arbitrairement ou contre une modeste compensation financière par les autorités françaises à la famille de ce colon originaire d'Alsace.

— Des décennies durant, les héritiers de ce même colon, avec la complicité de l'administration, réussirent à rogner nos terres soit en falsifiant des cadastres ou en imposant des ventes de terrain à vil prix.

— Ces histoires se sont perpétuées à travers les générations d'héritiers des deux familles comme pour entretenir la haine et c'est probablement ce second prétexte de l'attaque de sa ferme que le colon s'est vengé.

— Bon, on va s'arrêter quand même pour manger des mûres, qu'en penses-tu ?

Je fis timidement un signe approbateur, de tout ce qu'il m'avait raconté, je ne pensais qu'à ce qu'est devenue sa fiancée Yasmina.

Mon oncle ne semblait pas très loquace, comme à son habitude, et je pensai qu'il était préférable de reporter à un autre jour ma question à propos du devenir de sa fiancée.

Je n'osai pas non plus lui demander des précisions sur ces fellaghas descendus des montagnes dont il avait reparlé et qui me rappelaient subitement les rumeurs à leur propos dans mon propre village.

Ma hantise de les rencontrer dépassait celle des légendes de l'ogre, du cavalier ou de la princesse folle.

— Tu les veux comment tes mûres ? Noires ou blanches ? M'interpella-t-il tout en slalomant entre les mûriers. Je te conseille les mûres noires, elles sont meilleures et c'est celles que je préfère. Tu es d'accord ?

Sans même attendre que je réponde, il secoua la branche la plus garnie de mûres noires, évidemment.

Nous nous dirigeâmes ensuite vers la calèche. Les deux chevaux de l'attelage semblaient apprécier cette pause.

Mon oncle s'installa à la place du cocher. Je fis de même de l'autre côté. Il prit les rênes en mains et donna l'ordre aux chevaux dans leur langage :

— Hue ! Hue ! Hue !

Curieusement, mon oncle, qui avait d'habitude de me raconter tant d'histoires drôles, durant ce trajet, il semblait noyer dans ses pensées, muet comme une carpe.

Était-ce à cause de Yasmina, sa fiancée, de la mort de son oncle Hamou et de ses deux fils, ou d'autres catastrophes qu'il me déplairait de connaître à l'arrivée ?

Lorsque nous arrivâmes, une dizaine d'enfants, les uns moins âgés, les autres plus âgés que moi, sourires et gestes avenants, coururent derrière et sur les côtés de la calèche en attendant qu'elle s'arrête et que je descende pour les saluer.

Ils étaient pieds nus ou chaussés d'un semblant de savates rudimentaires taillées dans des peaux de chèvres, habillés de fripes rapiécées ou de gandouras faites maison et avec une silhouette maigrichonne de mal nourri.

Ils étaient pourtant rieurs et amusés comme tout autre enfant, acceptant, comme par fatalité, leur misérable sort.

Il n'y avait pas une école pour ces enfants, à part un espace attenant à la *zaouïa* que Grand-Mère avait fait aménager en salle de cours.

On y apprenait à lire et à écrire l'arabe et surtout à réciter le Coran, avec un rudimentaire matériel scolaire : une ardoise en bois et une plume, taillée dans les tiges du roseau, que l'on trempait dans une encre fabriquée localement.

Les cours étaient fréquentés épisodiquement selon la disponibilité des enfants, car ils avaient d'autres tâches à accomplir.

Ils travaillaient dans les champs avec leurs parents, comme saisonniers dans les fermes proches ou encore comme bergers.

Ils étaient quasiment tous contraints aux corvées quotidiennes : aller puiser de l'eau à des centaines de mètres et ramasser des bois et brindilles pour cuire les aliments ou se chauffer en hiver.

Parmi cette foule de bambins enthousiastes, il y avait des nouveaux que je ne connaissais pas, mais deux de mes meilleurs complices, Omar et son frère Rachid n'étaient pas à ce rendez-vous important.

Sachant qu'ils étaient en tête de liste de mes favoris et que d'emblée, rien au monde ne les aurait empêchés de venir m'accueillir, j'étais à la fois contrarié et soucieux quant aux raisons de leur exceptionnelle absence.

D'autant que c'était à eux que je confiais, en arrivant, la tâche de distribuer les friandises, car ils connaissaient tous les enfants de la ferme et leur nombre dans chaque maison.

J'abordai donc mon bain de foule comme un grand homme célèbre, des bises à droite, poignées de mains à gauche.

Je choisis les deux grands parmi les enfants et leur confiai les friandises à distribuer.

Pendant ce temps, mon oncle et grand-mère, habitués à ce rituel, m'attendaient patiemment à la maison. J'allais les rejoindre.

Ma grand-mère était une femme exceptionnelle. Bien qu'ayant quatre garçons et deux filles tous adultes, c'est elle qui dirige tout.

La part d'héritage de son mari décédé était une ferme à flanc de montage d'environ une centaine d'hectares qu'elle menait de main de maître.

Grand-Mère employait une trentaine d'ouvriers permanents et un peu plus pendant les saisons de semences ou de moissons.

Ils habitaient tous dans et autour de la ferme, dans de simples gourbis d'une ou deux chambres au plus.

Ni eau courante ni électricité ni meuble de confort non plus, les parents et enfants, six personnes en moyenne par famille, dormaient sur des tapis à même le sol.

À proximité de chaque gourbi, Grand-Mère leur avait attribué gracieusement un petit bout de terrain pour planter des légumes, installer un poulailler ou un clapier.

Grand-Mère était une femme pieuse et généreuse, qualité que tout le monde s'accordait à lui reconnaître.

Chaque année, elle redistribuait la *zakat*, un impôt coranique de 2,50 % des bénéfices de l'année, que chaque musulman devait donner aux plus démunis.

Elle organisait également chaque année, à la fin des récoltes, une *zerda* (fête) à la *zaouïa* en l'honneur de ses aïeux les Sidi Yahia, à laquelle étaient conviés tous les habitants de la région.

Les ouvriers se chargeaient d'égorger quelques-unes de ses bêtes selon le nombre de convives, leurs femmes préparaient couscous et légumes dans de grandes marmites. Le tout était servi dans des plats en bois par groupe de six ou sept personnes au plus.

À la fin des repas, un spectacle était organisé par des initiés, les uns marchant sur des braises pieds nus, d'autres, encore plus impressionnants, par supercherie ou magie, coupant leur langue et la présentant sur un plat à l'assistance.

Bien que généralement on écartât les enfants d'un tel spectacle, les rusés bambins trouvaient toujours le moyen d'y assister en se faufilant derrière le dos de leurs parents ou des voisins.

Une fois le spectacle terminé, enfants et adultes se livraient à des spéculations, chacun à sa manière, pour percer les mystères de ce qu'ils venaient de voir.

Après une bonne nuit de sommeil, j'entamai mon deuxième jour de vacances et j'avais hâte, en ce matin bien ensoleillé, de retrouver les copains de la ferme.

Je les rejoignis en sifflotant, ils se regroupèrent tous autour de moi, en me proposant, en guise de cadeau de bienvenue des jouets faits main, des figues de barbarie épluchées prêtes à être dégustées, des framboises sauvages et même une grive vivante qui battait des ailes pour se libérer des mains du gamin qui la tenait précieusement.

Je ne voyais toujours pas mes deux camarades favoris, Omar et son frère Rachid.

Pour ne pas susciter de jalousie, je m'approchai discrètement d'un des enfants à qui j'avais confié la veille la distribution des friandises et lui demanda s'il pouvait aller chercher les deux frères.

— *Matou, Matou, Tayara safra !* Ils sont morts, ils sont morts ! Ce sont les avions jaunes ! me répondit-il.

L'enfant ne s'attarda pas à me donner davantage d'explications, il repartit immédiatement rejoindre les autres enfants pour jouer.

Décidément, me dis-je, les vacances de cet été ne m'inspirent que frayeur et désolation.

D'abord l'assassinat de l'oncle et de ses deux fils, puis la disparition de Yasmina dont je ne savais toujours pas ce qu'elle est devenue, et maintenant mes deux meilleurs c morts pour je ne sais quelle raison.

On a beau être insouciant quand on est enfant, l'accumulation de ces nouvelles plus tristes les unes que les autres me perturbait sérieusement.

D'autant que cela faisait ressurgir dans ma mémoire, les tueries par les fameux fellaghas à proximité de mon village, il y a quelques mois.

Je rejoignis les enfants en faisant bonne figure pour ne pas faire montre de ma déception.

Ces enfants de la ferme, malgré leur analphabétisme, étaient les plus inventifs que j'aie connus en matière de jeu.

J'avais le choix entre l'équipe du jeu de quilles, celle d'une partie de football ou l'équipe qui posait des pièges pour attraper des oiseaux.

Il n'y avait pas, comme en ville, des jouets que l'on achetait et qui s'accumulaient chaque année dans les greniers.

Ici, les enfants improvisaient des jeux ou fabriquaient les jouets eux-mêmes !

Une course de voitures, chacun façonnait une mini-voiture avec des fils de fer que l'on pousse avec un manche tout en imitant le vroum vroum des voitures.

Une partie de football ? Le ballon était fait de bouts de tissu et de paille insérés dans un morceau de peau de chèvre cousue en forme de ballon, un peu lourd à tirer, mais il faisait l'affaire néanmoins.

Une partie de quilles ? Trois ou quatre tas de pierres disposés verticalement à une dizaine de mètres, que les joueurs tentaient d'abattre avec des cailloux qui faisaient office de boules.

Je me mis avec l'équipe des poseurs de pièges tant le jeu était original.

Brahim m'apprit d'abord comment fabriquer le piège : deux bâtons de bois d'environ 40 cm de long reliés par un fil invisible (fibres de cactus). On faisait un nœud au milieu et lorsque l'oiseau passait sa tête, le nœud se resserrait sur son cou.

Chacun posa ensuite son piège dans un lieu fréquenté par les oiseaux. On se mit à plat ventre à distance et attendit patiemment que l'oiseau soit pris au piège.

C'était triste pour les oiseaux, mais Dieu merci, peu d'entre eux furent pris au piège.

En cette période de vacances, je passais la plupart de mon temps avec ces enfants indigènes comme moi.

Mais, j'avais aussi les petits copains français dans la ferme voisine que je retrouvais également chaque saison estivale et avec qui nous faisions des randonnées en calèche ; nous nous arrêtions souvent dans un immense verger, propriété de leurs parents, pour cueillir des fruits, nous nous rendions ensuite à la rivière pour nous baigner dans une eau naturellement fraîche et limpide.

C'était toujours le même rituel sauf que cette année-là nous eûmes la peur de notre vie.

Nous étions interceptés par un groupe d'hommes avec des fusils à la main, ils ne semblaient pas réunis pour une partie de chasse.

Parmi eux, les amis avaient reconnu deux anciens ouvriers de la ferme parentale.

Alors que l'on s'attendait au pire, les deux hommes se sont rapprochés de la calèche avec un large sourire vers les enfants de leur ancien patron. Ils nous conseillèrent de rebrousser chemin sans nous expliquer les raisons.

Arrivés à la ferme, nous apprîmes que deux Européens ont été tués dans les environs, probablement par ces mêmes hommes.

Les parents nous apprirent que c'était le début d'une insurrection contre les colons européens de la région et que nous avions eu de la chance de revenir vivants.

Mais pourquoi diable étions-nous épargnés ?

Ce n'était vraiment pas un hasard, c'était plutôt dû à la notoriété des parents, de rares colons à traiter avec humanité les autochtones qui travaillaient dans leur ferme.

Chaque année à l'occasion de la fête du sacrifice du mouton, ils offraient à ses ouvriers cinq moutons pour ce rituel musulman.

Les moutons étaient égorgés, leur viande équitablement partagée entre eux.

À Noël, c'était au tour des enfants de se régaler, une kermesse dans les dépendances de la ferme était organisée chaque année, des bonbons, des dattes et des oranges sont distribués à volonté aux enfants dont les yeux pétillaient de bonheur.

Arrivés à la maison, nous étions encore sous le choc de cette rencontre impromptue, nous continuâmes à jouer dans la cour de la ferme cette fois-ci.

C'est l'heure du déjeuner, il n'est pas question de repartir, me disent les amis en chœur, tu déjeuneras avec nous !

Une fois le déjeuner fini, c'est l'heure du retour à la ferme de grand-mère.

J'appréhendais un retour seul et mes amis étaient encore sous le choc pour pouvoir m'accompagner en calèche comme ils le faisaient d'habitude.

À mon grand soulagement et celui de mes amis aussi, c'est finalement le père qui m'accompagna.

Il est midi, l'heure d'aller déjeuner, puis de faire une sieste, comme il est de tradition pendant l'été.

J'entamai une légère ascension pour rejoindre la maison de Grand-Mère et je vis l'oncle qui s'apprêtait à me héler.

J'arrive à son niveau un peu essoufflé.

— Alors, ça a été avec les copains, tu as bien joué ?

— Oui, mais Omar et son frère Rachid n'étaient pas là ! lui dis-je.

— Ah oui, c'est vrai, ils sont partis chez leur tante qui habite dans une ferme voisine.

— Ah bon ? Un des enfants m'a dit tout à l'heure qu'ils sont morts, tués par des avions !

Mon oncle paraissant un peu gêné détourna la conversation :

— Bon, demain, tu n'iras pas jouer avec les copains. C'est une journée « spécial tonton », que nous allons faire. Le matin, nous commencerons par une promenade à cheval, je t'ai réservé le plus sage des chevaux de la ferme. Nous irons jusqu'au grand rocher dans la montagne là-haut pour observer les cascades d'eau et voir les exercices de vols de la nichée des aiglons de cette année qui se trouve juste à côté.

— Nous ferons notre partie de chasse à la perdrix aussi, lui demandai-je.

— Non pas cette fois-ci mon fusil est cassé. Allons, rentrons ! Ta grand-mère est dans les champs, là-bas, avec les moissonneurs. C'est Yasmina qui t'a préparé ton plat favori.

— Yasmina ! Ta fiancée est là ?

— Euh… Non, non, c'est la fille de ta tante, elle s'appelle Yasmina aussi.

Le mystère demeurait à propos des copains Omar et Rachid et à nouveau de Yasmina. J'avais le sentiment que l'oncle me cachait quelque chose.

Nous rentrâmes donc dans une grande chambre faisant office de salle à manger.

Il y avait là un grand tapis en laine de couleur sombre sur lequel était posée une table basse et ronde avec, autour, des poufs en cuir et d'autres en tissus brodés.

Deux autres oncles, une tante, son mari et ses enfants étaient déjà attablés.

Après les saluts de rigueur, nous nous assîmes, mon oncle et moi.

Arrivèrent deux jeunes filles portant chacune un grand plat qu'elles déposèrent au beau milieu de la table.

Je reconnus vite un de mes plats préférés, de très fines feuilles cuites, coupées en petits morceaux et arrosées d'une sauce semblable à celle du couscous.

L'autre plat contenait des morceaux de viande.

Nous commençâmes à manger. Les adultes parlaient de choses et d'autres, de peu d'intérêt pour moi, d'ailleurs.

Ils discutaient des résultats de la récolte de l'année, de l'organisation de la prochaine *zerda*, et les gens de la région à inviter.

Un des oncles prit péremptoirement la parole :

— Déjà, avec le bombardement de la ferme d'Abdallah, il y aura au moins un quart des habitants qui n'assistera pas cette année à la fête. Les uns sont morts, les autres ont rejoint le maquis.

> — À ce propos, il va falloir sortir les fusils de chasse pour les graisser et nettoyer les fûts, car l'évènement est pour très bientôt.

Mon oncle et sa sœur faisaient des signes au second l'oncle pour l'interrompre, probablement en raison de la présence des enfants de la tante et de moi-même.

Chapitre IV
La randonnée douteuse

Aujourd'hui, c'est le jour dédié à la sortie pédestre promise par mon oncle.

Il vint me chercher à huit heures du matin puis nous nous dirigeâmes vers les écuries.

Il y avait une dizaine de chevaux.

Et, un peu plus en aval des boxes à chevaux, des bœufs, des mulets et deux ânes qui devaient probablement servir aux travaux de la ferme.

Nous nous dirigeâmes vers mon fameux sage cheval et qu'elle ne fût pas ma surprise de voir qu'il ressemblait plus à un poney, et bien que de grande taille, ce n'était pas un cheval. J'en fis la remarque à mon oncle.

— Je veux bien te confier l'étalon noir là-bas, mais tu seras à terre dans moins d'une minute ! Et puis tu n'as pas encore la taille d'un cavalier. Avec Chérif, le poney, tu n'auras pas besoin d'un escabeau, dit-il avec un sourire taquin.

— Viens donc avec moi à la réserve, on va rapporter des brosses et les brides.

Je sortis mon cheval poney de son box et mon oncle fit de même avec sa monture.

— Brosse ton cheval toujours dans le sens du poil et surtout son arrière-train, c'est le plus salissant, me conseilla-t-il pendant qu'il brossait son étalon.

— Et n'oublie pas de lui faire des caresses de temps en temps.

J'appliquai précautionneusement les consignes de l'oncle alors que le poney semblait être d'une indifférence décourageante.

Au bout de quelques minutes, l'oncle se dirigea vers moi.

— Allez, je t'aide à monter sur ton cheval, tu es prêt.

— Oui, mais je n'ai pas encore mis la selle, lui dis-je.

— Ah, ces citadins ! Ici, on ne met pas de selle et pas une bombe protège-tête, on monte les chevaux à l'indienne !

Mon oncle m'aida aussitôt et me voilà sur le dos de la bête.

Le plaisir de la promenade équestre s'estompa net et mon appréhension vis-à-vis de ce casse-gueule sans selle allait crescendo.

Mon oncle fut sur son cheval en un rien de temps.

Nous sortîmes de la cour de l'écurie, l'oncle en tête.

— Marche à une distance moyenne de cinq mètres derrière moi et ne laisse pas ton poney renifler le popotin de mon cheval.

L'aventure n'en était qu'à ses débuts, mais je ressentais déjà un bizarre antagonisme, le plaisir de l'aventure et la crainte de la chute.

Le fameux grand rocher où nous devions nous rendre en chevauchant était à une dizaine de kilomètres d'ici.

C'était vraiment une chaîne de montagnes, à part quelques zones d'alpage où paissaient les vaches et moutons de la ferme, un ensemble montagneux composé de massifs de tailles variées auxquels on accédait par des sentiers étroits, pierreux, parfois au bord d'un précipice.

Je vous laisse imaginer le parcours tortueux qui restait à accomplir avec un poney sans selle et un cavalier qui, pour toute expérience, ne montait qu'une ou deux fois par an sur le dos d'un cheval, et en terrain plat de surcroît !

Nous empruntâmes donc notre premier sentier sinueux en frôlant de temps à autre des roches ou les branches d'un arbrisseau.

La chevauchée périlleuse fut cependant agrémentée tout au long du chemin d'un paysage magnifique.

On apercevait au loin des grottes taillées naturellement dans les flancs des montagnes, des forêts en aval, des pieds de figues de barbarie accrochés aux rochers qui renvoyaient l'image d'un balcon fleuri et un magnifique jet d'eau naturelle qui se déversait dans la rivière.

Il régnait un silence religieux interrompu par moments par des vols d'oiseaux dérangés probablement dans leur farniente estival.

La pente devenait de plus en plus raide et les obstacles aussi.

Les chevaux, comme par instinct, ralentissaient le pas en fonction du profil du terrain.

Nous traversâmes une rivière où nous nous étions arrêtés préalablement pour abreuver les chevaux et nous rafraîchir par la même occasion.

Nous empruntâmes un nouveau sentier aussi étroit et pentu, notre progression ponctuée de vols impromptus d'oiseaux et même de courses de lapins qui déguerpissaient dès qu'on approchait de leur tanière.

À chaque fois, les chevaux marquaient un léger arrêt, mais sans être effrayés pour autant.

Je contemplais le ciel bleu-azur sans le moindre nuage, agrémenté d'une volée d'alouettes composant une chorégraphie en battant des ailes au-dessus de nos têtes.

Nous arrivâmes enfin au pied du fameux grand rocher.

Une œuvre majestueuse de la nature !

De grands rochers entrelacés, avec des trous de grottes en façade et au pied, formant comme des portes d'entrée de demeures, le tout ressemblant à une cité antique inoccupée.

Après un temps de contemplation, nous abreuvâmes les chevaux puis nous les attachâmes à l'ombre d'un arbre à proximité.

— Nous allons visiter une des grottes là-bas puis on reviendra pour faire un plongeon, si tu veux, me dit mon oncle

Nous nous dirigeâmes aussitôt vers les grottes non loin des chutes d'eau.

L'entrée ne payait pas de mine, mais quelle fut ma surprise en entrant, il y avait une grande galerie au centre, taillée naturellement dans le rocher, de plus petites salles adjacentes, qui étaient desservies par des couloirs.

Dans un recoin, les cendres d'un feu de bois, des pierres disposées autour comme pour servir de bancs.

Cela n'a pas l'air d'une tanière de renard, mais bel et bien d'un espace habitable par l'homme, me dis-je.

En sortant de la grotte, j'aperçus à l'entrée d'une autre grotte voisine un homme debout, un fusil en bandoulière, et deux autres qui se dirigeaient vers nous.

— Ce sont des chasseurs de la région. Attends-moi ici devant l'entrée, je reviens, me dit oncle.

Des chasseurs, dit-il, c'est plutôt les fameux fellaghas peut-être ?

Autant l'homme à l'entrée de la grotte avait un fusil de chasse comme celui de mon oncle, mais les deux autres étaient habillés en militaire et portaient, en bandoulière, des armes semblables à celles des gendarmes du village, des mitraillettes, je crois.

Mon oncle retourna immédiatement vers l'arbre où étaient attachés nos chevaux, récupéra un baluchon en forme de boudin qui semblait trop lourd à porter pour ne contenir que de la nourriture.

Puis il alla à la rencontre des deux hommes.

À les voir se faire des accolades, il n'y a pas doute, l'oncle les connaissait déjà.

Après de longues discussions ponctuées de gesticulations dont j'aurais tant aimé connaître la teneur, l'oncle quitta les deux hommes et se dirigea dans ma direction.

J'avais le sentiment que l'oncle était en relation avec ces hommes armés et que sa prétendue balade qu'il me proposa n'était autre que de rencontrer ces probables fellaghas.

— Désolé pour cet imprévu !

— Alors, voilà la suite de notre programme. On ne va pas se baigner cette fois-ci, car il nous faudrait du temps pour être sec, mais, à la place, nous descendrons le long des cascades jusqu'à la rivière. Le chemin est abrupt, mais tu es devenu un parfait cavalier.

— Et maintenant, allons voir la volée des aiglons à côté.

Après une courte marche, nous arrivâmes dans un canyon en haut des rochers, des nids d'aigles et une lignée d'aiglons qui s'aventuraient à voler tour à tour, formant ainsi de superbes cercles en plein ciel.

Un spectacle unique dans un environnement naturel exceptionnel.

Nous retournâmes ensuite récupérer nos chevaux et entamâmes, mon oncle en tête, la descente périlleuse des cascades.

Le chemin était effectivement abrupt, les chevaux descendaient pas à pas, avec prudence et précision, sous la paisible mélodie du ruissellement de l'eau.

À l'arrivée à hauteur de la rivière, l'oncle se retourna vers moi.

— Je commence à avoir faim et toi aussi, je pense.
— Nous allons faire une halte chez Abdallah, c'est sur le chemin de retour, nous déjeunerons chez lui avant de rentrer.
— Qui est-ce Abdallah ? demandai-je à mon oncle.
— Abdallah, c'est l'oncle de Yasmina
— Ta fiancée Yasmina est chez lui, alors ?

— Peut-être, tu verras ça en arrivant.

— D'ailleurs, j'aurai une bonne et une moins bonne nouvelle à t'apprendre une fois là-bas.

La complicité avec mon oncle n'avait jamais été aussi entachée de secrets et de non-dits.

Je fus tenté de le lui faire remarquer, mais, respect des plus âgés oblige, je me résignai à attendre sans dire un mot.

Nous voilà presque arrivés devant une construction apparemment neuve entourée de quelques gourbis.

— Bon, je vais te dire la moins bonne des nouvelles. Tu vois, là-bas, sur le plateau, la ferme détruite ?

— Oui.

— C'était celle de l'oncle Abdallah. Elle a été entièrement rasée par des avions de l'armée française. Il y a eu beaucoup de morts. Les terres de l'oncle ont été réquisitionnées par les militaires français, on ne lui a laissé que ce lopin de terrain pour construire ce pâté de maisons et y habiter avec quelques ouvriers et leur famille. Je t'ai menti à propos de tes camarades Omar et Rachid, l'oncle déglutit puis enchaîna, la gorge serrée :

— Ils ont été tués lors de ce bombardement. Désolé…

Je ressentis un immense chagrin et cette nouvelle confirma, hélas, ce que m'avait dit en arrivant un des garçons de la ferme et dont les termes résonnaient encore dans mes oreilles : « *Matou, Matou, Tayara safra ! Ils sont morts, ils sont morts ! Ce sont les avions jaunes !* »

Nous continuâmes notre chemin quand vinrent à notre rencontre une jeune fille et une femme d'âge mûr, suivies de trois enfants au pas hésitant.

Mon oncle fut chaleureusement accueilli et moi curieusement regardé.

— Voici le chouchou de ma mère, l'horrible enfant de la ville, le fils de ma sœur Nadia.

« *Marhaba, Marhaba* » (bienvenue, bienvenue), répétaient-elles en me faisant à nouveau des bises.

— Qu'est-ce qu'il y a à manger, tante, pour les visiteurs à l'improviste, que nous sommes, dit l'oncle.

— Tu tombes bien, c'est le couscous du vendredi, aujourd'hui. Allez, entrez !

Nous pénétrâmes donc dans une modeste demeure avec, comme à l'accoutumée, un grand tapis au centre, une table basse au milieu et des poufs autour.

Une fois le plat de couscous déposé sur la table, je partis à l'abordage, cuillère en main !

Entre-temps, la tante de l'oncle lui demanda les nouvelles de la famille, puis lui dit :

— Tout est prêt, j'espère, pour demain, car ils sont déjà là.

Et comme si elle se ressaisissait, elle me dit :

— Va donc jouer avec les enfants, ils sont dehors !

Comme d'habitude, probablement des secrets à se confier entre adultes. Je ne me fis pas prier pour rejoindre les enfants dehors.

Et nous voilà d'accord pour une partie de cache-cache.

Les enfants connaissaient déjà les meilleures planques et moi je me fiai au flair et à l'improvisation.

Je contournai la maison pour me cacher et me trouvai nez à nez avec un groupe de gens, autour d'un plateau sur lequel étaient déposées une théière et une assiette de gâteaux.

Ils étaient dans une espèce de véranda camouflée par des mottes de paille avec, au fond, dans un coin, des fusils alignés leurs fûts vers le haut.

Ils étaient tous habillés de *cachabia*, une sorte de long manteau à capuche et de pantalons de treillis militaires.

Je fis aussitôt demi-tour et rejoignis les enfants, l'air paniqué.

L'un d'eux s'approcha de moi :

— Il ne fallait pas aller de ce côté, ce sont les maquisards descendus de la montagne !

— Ce sont eux qui tuent les gens ? lui dis-je.

— Non, ils sont gentils avec nous, ils tuent seulement les Français méchants.

Je n'étais pas rassuré pour autant, déjà de ce que l'on disait de ces fellaghas dans mon village, j'avais la certitude de me retrouver dans le fief de ces hors-la-loi et mes oncles faisaient probablement partie.

J'abandonnai le jeu et me dirigeai dare-dare vers la maison pour rejoindre mon oncle.

En entrant, je m'aperçus que la smala s'était agrandie.

Trois autres jeunes hommes s'étaient joints à la tablée.

Mon oncle fit les présentations :

— C'est mon neveu le fils de ma sœur Nadia.

Puis, se retournant vers moi :

— Les deux jeunes moustachus que voici sont les frères de Yasmina.

— Lui, c'est Mokhtar le frère d'Omar et Rachid, que Dieu ait leur âme.

— Bon, il faut qu'on y aille maintenant, suis-nous, Mokhtar ?

Nous nous dirigeâmes, mon oncle et moi, vers nos chevaux tandis que Mokhtar partait vers l'arrière de la maison.

Il nous rejoignit cinq minutes plus tard à dos de cheval, un âne lourdement chargé attaché par une sangle à sa selle.

— Mohktar, on prend quel chemin, celui qui longe la rivière ou le raccourci de la forêt ?

— Le raccourci, c'est plus discret pour notre chargement, répondit Mokhtar.

En cours de chemin, j'attendais la moindre occasion de m'approcher de mon oncle pour lui demander discrètement la bonne nouvelle qu'il devait me révéler et, peut-être même, le questionner à propos des hommes armés, que j'avais vus derrière la maison ainsi que ceux rencontrés dans les grottes.

En milieu de forêt, Mokhtar était suffisamment éloigné de nous, un retard probablement dû à la lenteur de l'âne, et j'en profitai pour poser ma question à mon oncle :

— Oncle, tu ne m'as toujours pas dit la bonne nouvelle que tu devais m'annoncer ?

— Ah, tu n'as pas oublié toi ! La bonne nouvelle, c'est que nous irons voir Yasmina dans deux ou trois jours. *Inchallah !* Elle se souvient très bien de toi, car elle t'a vu les années précédentes chez Grand-Mère. Quant à toi, ce n'est pas sûr que tu te souviennes !

Chouette ! Enfin !

— Oncle, j'ai aussi vu des hommes armés derrière la maison tout à l'heure, ils m'ont fait peur.

C'est les mêmes fellaghas que ceux qui ont tué des gens dans ma région ?

— Tu sais, à ton âge, tu dois commencer à comprendre petit à petit la réalité des choses et je suis sûr que les évènements à venir renforceront ton courage pour ne plus avoir peur.

— D'abord, ils ne s'appellent pas des fellaghas, mais des révolutionnaires ou, dans notre langue, des *moudjahidin*. Ce sont des honnêtes gens qui se sacrifient pour combattre les injustices et libérer notre pays de la colonisation.

— La plupart parmi eux avaient été spoliés de leur terre, réduits à la plus ignoble des pauvretés, privés de leur liberté, atteints dans leur dignité humaine et parfois leur famille a été massacrée, comme ces derniers temps.

— Aurais-tu le courage d'entendre ce qui s'est passé pour tes camarades Omar et Rachid, par exemple ?

Il n'attendit pas ma réponse.

— Mokhtar, viens, approche-toi, on t'attend !

Nous arrêtâmes nos chevaux, Mokhtar arriva à notre niveau.

— Raconte-nous comment cela s'est passé pour la ferme de l'oncle Abdallah.

Mokhtar, l'air triste, les larmes prêtes à couler, commença son récit :

— Il y a quelques mois, les frères du colon voisin et le *cadi*, l'équivalent d'un juge, sont venus à la ferme de mon père. Il est sorti les accueillir. Sans même le saluer, l'aîné des enfants a menacé directement mon père en ces termes :

— Abdallah, tes bêtes ont brouté dans mon champ, je te préviens, en présence du *cadi*, que la prochaine fois, je ferai saisir ton champ mitoyen, et tes bêtes avec !

Mon père a eu beau lui répliquer que ses bêtes n'avaient jamais dépassé la limite de notre propriété, les colons sont repartis avec le *cadi* tout en proférant d'autres menaces. Trois jours plus tard, deux avions jaunes sont arrivés à hauteur de la ferme et ont commencé à larguer des bombes. C'était un enfer, les gens sortaient des maisons et fuyaient dans tous les sens. Des corps gisaient par terre, les uns inertes, d'autres gémissants, ainsi que des bêtes mortes ou tentant de se relever péniblement. La ferme et les habitations autour étaient toutes en feu. Une fois les avions partis, les gens sont revenus identifier les corps. Des cris de douleur effroyables, insupportables. Des maquisards sont descendus de la montagne pour soigner les quelques blessés. On a dénombré pas moins de vingt morts et des blessés, des femmes et des enfants pour la plupart, dont mes deux frères Omar et Rachid, ajouta-t-il en sanglotant. Le lendemain, les habitants des fermes voisines sont venus nous aider pour enterrer les morts. Les survivants sans un abri ont été accueillis par leur famille, à proximité, ou chez des voisins solidaires. La plupart des hommes jeunes ont rejoint les maquisards dans les montagnes environnantes.

Mokhtar était en pleurs, mes larmes ne cessaient de couler aussi.

— C'est un massacre de l'injustice, de la haine, murmura l'oncle

— En fait, les bombardements n'étaient pas dus au seul différend entre Abdallah et le colon voisin.

— C'étaient deux avions de renseignements qui avaient repéré des hommes armés hébergés dans la ferme. Ils sont revenus le lendemain pour bombarder la ferme et ses habitants.

Il s'installa un silence continu, interrompu par moments par le chant des oiseaux dans les arbres.

Nous arrivâmes à la ferme de Grand-Mère.

— Mokhtar, tu vas décharger le tout à l'école et tu nous rejoins après.

L'oncle et moi continuâmes jusqu'aux écuries.

Nous rentrâmes les chevaux dans leur box respectif.

Il restait encore un peu de temps pour aller jouer, mais je n'avais vraiment pas le moral pour cela.

Aussi rentrai-je directement à la maison.

Nous étions le samedi vingt août 1955 au matin.

Ma nuit avait été perturbée : agitation et rêve bizarre, probablement dus à tout ce que j'avais vu et appris dans la journée.

Grand-Mère était là ce matin, elle se dirigea vers moi.

— Je ne peux même plus te prendre dans mes bras, tu es grand maintenant !

— Tu aimes toujours le lait frais ?

— Ah oui, *Nèna*[1] !

— Et te souviens-tu comment on trait une vache ?

— Euh… Pas trop !

---

[1] Équivalent de « Mémé ».

— D'accord. Va chercher un pot dans la cuisine et rejoins-moi à l'étable.

Des pis de la vache à mes lèvres !

Je bus le lait tiède et crémeux sans retenue.

Grand-Mère enchaîna :

— Aujourd'hui, tu ne descendras pas à la grande place pour jouer avec les enfants de la ferme. Tu joueras avec tes cousins ici, dans la cour ou devant la maison. Va donc les rejoindre !

— Assassins de poussins ! cria l'air moqueur, un cousin dès mon arrivée parmi eux.

— Et toi, gobeur d'œufs ! répliquai-je.

Le cousin faisait allusion à une année où, petit, j'avais étouffé une demi-douzaine de poussins.

Je les coursai, une fois capturé, je les étouffai involontairement en les serrant un peu trop fort dans ma main.

Nous sortîmes devant la maison qui débouchait sur la grande place où nous jouions avec les autres enfants de la ferme.

Il y avait beaucoup plus de gens que d'habitude.

Je pensai à la fameuse *Zerda* organisée en fin de récolte dans la ferme, mais visiblement cela n'avait pas l'allure d'une fête.

Je m'écartai des cousins et m'approchai le plus près possible pour mieux voir.

Une foule d'habitants était réunie devant la mosquée.

Motard distribuait à quelques-uns d'entre eux des fusils, probablement ceux qu'il transportait la veille, à dos d'âne.

Deux hommes habillés en militaires, mitraillette en bandoulière, ressemblant étrangement aux deux fellaghas que mon oncle avait rencontrés à côté des grottes, étaient là.

Ils rassemblaient les habitants par groupe d'une dizaine de personnes avec, à leur tête, un homme armé.

Je pensai tout de suite à une expédition punitive contre les colons de la région.

Mais, l'arrivée en masse des habitants du voisinage, avec à la main, des fusils de chasse, des haches, des fourches, des serpes, tous convergeaient vers la grande place, cela me paraissait disproportionné pour une simple vengeance.

Un quart d'heure plus tard, ce furent des groupes de maquisards qui descendirent des montagnes, dont quelques-uns à cheval. Ils se dirigèrent également vers la grande place.

J'abandonnai le spectacle et m'approchai des petits-cousins en quête d'informations.

Ils avaient l'air absorbés par leur jeu, indifférents à ce qui se passait.

Avant même d'arriver à leur hauteur, une jeune fille, blouse blanche et pantalon militaire, sortit de la maison et me héla :

— Hé ! Zenati, viens me voir !

Je me dirigeai vers elle en hésitant.

Elle me fit une tendre bise, puis me dit :

— Tu ne me reconnais pas ?

— Euh non, un peu…

— Allez, viens avec moi, je vais te dire un secret !

Nous nous dirigeâmes vers une sorte de hangar en retrait de la maison.

À l'intérieur, il y avait cinq ou six matelas alignés par terre, une armoire à moitié ouverte contenant des médicaments et une table adjacente avec des instruments chirurgicaux.

Sur un des matelas était couché un homme, fusil de chasse à portée de la main.

Il y avait une autre jeune fille habillée également d'une blouse blanche et d'un pantalon de treillis.

Elle vint me faire une bise, mais pas aussi tendrement que la précédente fille.

J'avais l'impression d'être la vedette de ce lieu à mi-chemin entre une infirmerie et un dortoir.

— Tu sais jouer aux devinettes ?

— Oui.

Elle sortit de sa poche un taille-crayon en forme de grenouille.

— Ça te rappelle quelque chose cet objet ?

— Oh ! C'est mon taille-crayon.

— Et tu l'avais prêté à qui l'année dernière ?

— À une tata chez Grand-Mère, pour tailler son bâton de khôl, je crois.

Du coup, en la dévisageant, je compris que je l'avais bien rencontrée auparavant.

Elle continua :

— Te souviens-tu comment s'appelait cette tata

— Non.

— C'était moi, Yasmina, la fiancée de ton oncle ! Il n'a cessé de me dire que tu voulais me rencontrer ; eh bien, me voilà !

Elle se baissa et me serra tendrement dans ses bras en me faisant une série de bises sur le front.

J'étais si heureux de la rencontrer que j'avais les larmes aux yeux.

Notre scène de tendresse fut interrompue par l'arrivée de l'oncle et deux autres oncles habillés en militaires, fusils en bandoulière.

— Voilà, tu as vu Yasmina, c'était ça la bonne nouvelle que je t'avais promise.

L'oncle s'adressa ensuite à ses deux frères :

— Vous allez rejoindre les groupes qui attaqueront le village, tout est prêt. Moi, j'irai avec les groupes vers le campement des militaires chez le colon voisin.

Puis il se retourna vers moi :

— Tu veux rester encore avec Yasmina, n'est-ce pas ?

Je répondis oui avec un grand sourire.

Les oncles repartirent aussitôt, pour accomplir leur mission sans doute.

— J'aurais bien aimé les accompagner contre les assassins de mon père et mes deux frères, déclara Yasmina d'un air mélancolique.

— Attends-moi ici, je vais changer le pansement du blessé, me dit-elle. Il n'a pas de chance lui, il s'est blessé avant la bataille en nettoyant son arme !

Elle soigna l'homme puis revint vers moi.

Une question me brûlait les lèvres

— Yasmina ! Tu es un fellagha, toi aussi ?

— Ne dis surtout pas « fellagha », devant ta grand-mère sinon c'est la fessée. Non, je suis une révolutionnaire, pour libérer notre pays. Quand les colons ont assassiné mon père et mes deux frères, je me suis réfugiée avec deux autres frères dans la montagne voisine, puis nous avions rejoint les révolutionnaires. C'est là que j'ai eu ma formation d'infirmière dans un hôpital clandestin et appris le tir, aussi.

En désignant l'autre fille qui arrivait vers nous, Yasmina ajouta :

— Fatima c'est ma cousine, elle avait échappé de justesse aux bombardements de la ferme de son père.

Bombardements ! Ce mot fit tilt dans ma petite tête.

— Fatima, tu connais Omar et Rachid ?

Le visage décomposé, elle me répondit avec une grande émotion :

— Oui, c'étaient mes deux jeunes frères.

Puis elle se retourna, comme pour cacher sa douleur.

J'étais peiné d'avoir posé une telle question.

Yasmina, voulant probablement rejoindre sa cousine Fatima pour la réconforter, me demanda :

— Tu sauras retourner seul à la maison ou je t'accompagne ?

— Oui, je saurais trouver le chemin seul, merci, tata.

J'embrassai Yasmina puis Fatima et sortis immédiatement.

Arrivé à la grande cour devant la maison, je regardai ce qu'était devenue la foule qui s'était réunie près de l'école, sur la grande place.

Je vis au loin une formation de plusieurs groupes, les uns empruntant la rivière, d'autres la lisière de la forêt, en marche vers le village le plus proche.

Deux autres formations partaient à travers champs, l'une vers l'Est, l'autre vers l'Ouest, probablement chez les colons mitoyens.

Il était à peine onze heures, j'avais encore du temps pour jouer. Je rejoignis les petits-cousins, dans la cour de la ferme.

J'étais stupéfait de leur indifférence à propos de ces manœuvres, un peu comme s'ils s'étaient préparés à cet évènement.

Le cousin Salah avait quatorze ans, un âge où, dans les campagnes, on ne joue plus avec les petits.

Il se joignait de temps en temps au groupe d'enfants plus pour les surveiller que partager leur jeu, a fortiori, quand le turbulent enfant de la ville que j'étais se trouvait parmi eux.

C'est sous la surveillance de Salah que nous faisions des balades à dos de mulet ou à dos d'âne à travers les champs.

C'est aussi grâce à ces virées exploratoires que j'ai appris que les artichauts et les asperges ne poussaient pas que dans les potagers.

Salah avait l'art et la manière de repérer à travers champs des artichauts et des asperges sauvages que nous ramassions sous son œil vigilant.

Il était le seul à avoir fréquenté l'école française, il baragouinait le français avec un accent horrible et particulier en roulant les « r ».

Il avait été à l'école jusqu'au CM2, chez la tante Myriam, qui habite dans un village proche de la ferme.

Je me faisais un plaisir de le taquiner quand il parlait français. Il faisait de même, quand je parlais, un mélange d'arabe et de français.

C'est chez cette tante Myriam que nous faisions escale avant de rejoindre à la ferme de Grand-Mère quand j'étais accompagné de mes parents.

Elle venait nous chercher à la gare, et pas question de repartir vers la ferme avant d'avoir passé au moins une nuit à papoter avec ma mère, sa sœur.

Tante Myriam servait également de relais téléphonique entre mes parents et Grand-Mère, car il n'y avait pas de téléphone dans la ferme.

Ma mère téléphonait donc à cette sœur qui transmettait l'information par téléphone arabe à Grand-Mère.

Il est bientôt midi, l'heure du déjeuner, et nous nous dirigeâmes tous vers la maison.

Avant même d'arriver à l'entrée, nous entendîmes au loin des coups de feu qui s'amplifièrent progressivement.

Nous nous dirigeâmes vers la sortie de la cour.

Des coups de feu de différentes intensités, des déflagrations de bombes et des tirs de canons s'entendaient distinctement.

Ces détonations semblaient provenir des lieux où s'étaient rendus les groupes de maquisards et les paysans de la ferme.

J'avais tout de suite fait la liaison avec les attroupements dans la grande place et les ordres que donnait mon oncle à ses frères ; l'ampleur des combats semblait disproportionnée pour que cela puisse être une quelconque expédition punitive contre les colons.

Des femmes sortirent de leur maison, rejoignirent la grande place et lancèrent des youyous stridents, comme pour fêter un heureux évènement.

D'autres femmes pleuraient en suppliant Dieu de protéger leurs maris ou leurs enfants partis combattre.

Nous fûmes rejoints par les tantes, les cousines, Grand-Mère en tête du cortège.

— Que Dieu les protège ! Que Dieu les protège ! murmura-t-elle.

— Salah ! Salah ! Emmène les enfants déjeuner, le repas est prêt.

Nous traînâmes un peu les pieds avant de rejoindre la cuisine en compagnie de Salah et d'une autre jeune cousine qui ferait le service.

Il y avait déjà quelques autres enfants de la ferme que Grand-Mère avait réunis précédemment.

Nous étions une vingtaine d'enfants séparés en trois groupes autour de trois grands plats et je me précipitai traîtreusement pour être dans le groupe à côté de Salah.

Une tradition ancestrale consistait à manger dans un même plat et non chacun dans son assiette.

Je ne pensais pas que cela était dicté par la seule convivialité, mais plutôt parce que le mode de vie simplifié l'exigeait, et l'on s'embarrassait moins des ustensiles de la vie moderne.

Nous commençâmes à manger et les langues se délièrent progressivement à propos des évènements.

J'appris ainsi qu'une précédente attaque avait eu lieu quelques mois plus tôt et que les maquisards s'étaient réunis de la même manière que cette fois-ci.

Ils avaient attaqué la gendarmerie et la caserne militaire du village, tué des soldats et récupéré quelques armes qu'ils avaient cachées dans les montagnes proches de la ferme.

Il y avait eu pas mal de morts parmi eux aussi.

Salah m'intima presque l'ordre de ne plus utiliser le terme péjoratif de fellagha, suivi d'explications dignes d'un adulte révolutionnaire :

— *Fellaghas,* ce sont les Français qui les appellent comme ça. Ce qu'ils nomment *fellaghas,* ce sont des révolutionnaires qui luttent pour l'indépendance de notre pays, l'Algérie ; leur vrai nom, c'est *moudjahid* ou *maquisards.* Ils luttent aussi pour récupérer nos terres que les colons nous ont enlevées quand ils ont colonisé notre pays, l'Algérie. Parmi les révolutionnaires qui sont partis combattre aujourd'hui, il y a vos pères et oncles ainsi que ceux de vos camarades. Et si l'un d'eux ne revenait pas à la maison, ce serait un héros qui s'est sacrifié pour la liberté de nous tous.

La cousine, qui faisait office à la fois de cuisinière et de chef de salle, ajouta une version plus à notre portée en complétant les explications de Salah :

— Vous habiterez dans des maisons en dur à la place des gourbis. Vous n'irez plus chercher de l'eau à pied dans des sources lointaines, elle arrivera directement dans vos maisons. Vous n'aurez plus à aller chercher du bois dans la forêt, il y aura du gaz et de l'électricité dans vos maisons pour cuisiner et vous chauffer. Vous aurez une grande école pour faire des études et devenir médecins, ingénieurs, techniciens et chefs dans l'administration de votre pays. Vous ne travaillerez que lorsque vous serez adultes et plus dans les champs ni en tant que bergers, comme maintenant. Les militaires ou les colons ne tueront plus vos parents, vos frères ou vos sœurs. Les révolutionnaires reviendront à la maison pour vivre en paix avec leurs femmes et leurs enfants.

Les enfants, tout en mangeant, écoutaient ces déclarations dans un silence religieux. Leurs regards, bien qu'insondables, laissaient apparaître des mines soucieuses, surtout parmi les enfants dont les parents avaient rejoint les groupes de défense partis au combat.

Des bombes, des coups de canons et de fusils ne cessèrent de retentir pendant notre déjeuner, jusqu'à devenir presque familiers à nos oreilles.

Une fois le déjeuner fini, nous nous dirigeâmes vers deux chambres distinctes pour la traditionnelle sieste.

Nous dormîmes sur des espèces de tapis matelassés posés à même le sol, les uns à côté des autres.

Que de chuchotements et de messes basses avant que tout ce petit monde ne s'endorme sous l'ardente chaleur de ce mois d'août.

À peine une heure après, je fus discrètement réveillé par la grand-mère qui me fit signe de la suivre.

Je lui emboîtai le pas jusqu'au salon. Elle me demanda de m'asseoir à côté d'elle puis elle me dit :

— Ta mère demande que tu repartes, elle est inquiète à cause des évènements. Tu partiras demain chez la tante Myriam, elle organisera ton voyage de retour, car il paraît que les trains et les cars ne roulent plus. Salah t'accompagnera à cheval chez Myriam demain matin. Ça ne sera pas en calèche, mais à dos de cheval, donc tu ne pourras pas prendre tes affaires avec toi. Je te les enverrai plus tard.

— Tâche de te coucher le plus tôt possible ce soir pour être en forme demain.

Elle me serra tendrement dans ses bras, me fit deux bises sur les joues puis s'en alla.

C'était la plus forte déception que j'avais connue depuis que je venais passer mes vacances chez Grand-Mère.

Rien ne semblait se passer comme à l'accoutumée.

J'avais le sentiment de vivre en direct les histoires des hors-la-loi ou des fameux fellaghas que l'on racontait dans ma ville avant mon arrivée ici.

Pire, non seulement j'étais dans le terroir même de ces maquisards ou révolutionnaires, mais en plus une majorité de ma propre famille en faisait partie.

J'entendais parler de termes nouveaux que je ne connusse même pas, telle *l'indépendance*, la *révolution* ou la *colonisation*.

Je voyais des hommes, armes à la main, partir pour tuer ou se faire tuer, des enfants qui cachaient leur inquiétude pour leur père ou leurs frères, des mères qui redoutaient la mort de leurs fils ou de leur mari.

Et même entre nous, enfants, le dynamisme joyeux dans les jeux ou dans les farces était moindre tant les enfants étaient soucieux des conséquences de tous ces mouvements inhabituels.

Le soleil se couchait et les coups de feu et de canons se faisaient rares, j'aperçus au loin deux avions qui sillonnaient les airs à basse altitude.

Le cousin Salah me rappela :

— Demain matin, nous partirons très tôt pour éviter les grosses chaleurs. Je viendrai te réveiller vers six heures.

— D'accord, lui dis-je.

Un peu de jeu, un dîner en groupe et au lit, telle fut la suite !

Cette nuit-là, je dormis dans un vrai lit, dans la chambre de Grand-Mère.

Comme prévu, le lendemain matin, à six heures, Salah était déjà là.

À peine m'étais-je habillé qu'il me dit :

— Allons-y, on prendra le petit-déjeuner en route.

Nous nous dirigeâmes de suite vers les écuries.

Un superbe cheval alezan était déjà muni de sa selle.

Salah m'aida à monter à l'arrière de la selle, puis, avec une agilité impressionnante, il grimpa à son tour.

— Accroche-toi bien à moi pendant le trajet. C'est peut-être moins confortable que dans une calèche, mais c'est plus rapide et l'on peut passer partout.

Salah longea une rivière à l'orée de la forêt, comme pour galoper discrètement.

À mi-chemin, il sortit d'un sac accroché à son cou, le prétendu petit-déjeuner.

Il me tendit un morceau de galette à l'intérieur duquel il y avait des couches de beurre et de miel.

Super-bon, bien qu'il me manquât l'essentiel, mon traditionnel bol de chocolat au lait.

Au bout d'une heure environ, nous nous trouvâmes non loin de l'entrée du village.

Il y avait des militaires, des chars postés à proximité, des jeeps et des camions chargés de soldats, entrant ou sortant du village.

Une vraie ambiance de guerre qui m'inspirait une grande peur.

Salah sortit du chemin et longea avec une appréhension visible la route goudronnée qui menait au village.

Nous approchâmes de l'entrée du village.

Il y avait de part et d'autre des militaires qui contrôlaient tous les passants.

Nous fûmes interpellés à notre tour malgré notre âge, et invités à descendre de cheval.

Deux militaires, doigt sur la détente, nous tenaient presque en joue alors qu'un autre palpait le sac à casse-croûte de Salah. Il nous interrogea :

— Quel âge avez-vous ?

— Quatorze ans pour moi, onze pour lui.

— D'où venez-vous ?

— De la ferme à côté.

— Et où allez-vous ?

— Chez notre tante qui habite au village.

— Avez-vous rencontré des groupes de gens sur votre chemin ?

— Non.

Un quatrième soldat, qui paraissait être un gradé, fit signe à son collègue de nous laisser passer.

Ouf ! Nous avions été probablement favorisés par notre âge, car les autres passants ne semblaient pas être libérés aussi facilement.

Nous poursuivîmes à pied jusqu'à la maison de tante Myriam.

Il y avait dans presque toutes les rues du village des militaires, arme au poing, ainsi que des civils avec un fusil en bandoulière.

C'est tante Myriam qui nous accueillit.

Elle avait une mine vraiment triste, elle qui, d'habitude, était toujours gaie et pleine d'entrain.

Nous rentrâmes à l'intérieur.

Tante Myriam prit immédiatement le combiné téléphonique et appela ma mère.

— Ton fils est chez moi, il est en forme. Ici, c'est un peu plus calme qu'hier. Par contre, il n'y a ni trains ni cars qui aillent vers chez toi. Il faut demander à Ahmed de venir chercher ton fils en taxi. Ne raccroche pas, je te le passe. Au revoir.

En prenant le combiné, rien qu'à sa voix, je devinai l'état triste de ma mère, qu'elle tentait de dissimuler.

Et bien qu'elle dît que tout allait bien, sa voix la trahissait.

Elle fit abstraction des évènements pour ne me parler quasiment que de la préparation de mon entrée au collège.

La conversation finie, j'ai demandé à tante Myriam si je pouvais téléphoner à des amis, elle me fit signe de son approbation.

Je téléphonais à Gabriel et Madeleine d'abord sur leur lieu de vacances.

Je m'apprêtai à raconter à Madeleine, comme nous le faisions habituellement, le déroulement de mes vacances et surtout les évènements auxquels j'avais assisté.

Elle m'interrompt, la gorge serrée pour me raconter ce à quoi elle avait assisté dans la grande ville, pourtant loin des montagnes que l'on a suspectées d'être le terroir des révolutionnaires.

— Alors que nous nous apprêtions à partir à la plage comme chaque matin, un ami de vacances arriva haletant à la maison, sans même nous dire bonjour.
— Il ne faut surtout pas sortir de la maison aujourd'hui, c'est mon père qui m'a envoyé en urgence pour vous prévenir.
— Mais Salim, la mer est calme et il y a du soleil !
— Mon père est catégorique, il faut que vous vous barricadiez tous à la maison et n'ouvrir à personne.
— Des insurgés, avec à leur tête des maquisards, sont en train d'assassiner leurs propres voisins européens à coups de hache, de fourches et de couteau, on dénombre déjà plusieurs morts.
— Ma tante avait fermé précipitamment son magasin pour rejoindre la maison, un ami indigène de la famille l'avait prévenu qu'un massacre dans la ville était en train de se produire.
— Sur son chemin, elle avait réussi à esquiver les rues où une bande de citoyens autochtones, armes blanches à la main, sillonnaient les rues où habitent des Européens essentiellement.

— Il y avait déjà des cadavres devant la porte des maisons et dans la rue.
— Des cris et des appels au secours stridents faisaient écho aux cris des insurgés.
— Ma tante nous racontait cette scène macabre en sanglotant.
— Gabriel et moi, par curiosité malsaine peut-être, avions tenté de voir, par les fenêtres arrière qui donnaient sur le quartier de cet horrible spectacle.
— Ma tante s'est précipitée vers nous, elle nous a poussés vigoureusement pour nous écarter de la fenêtre.
— Débutait alors une fusillade assez nourrie, des militaires seraient venus à l'aide de ces malheureux citoyens.
— Nous apprîmes le lendemain que des militaires, des citoyens européens armés, avaient répliqué à leur tour, avec une extrême violence en tuant des centaines d'indigènes, tirant parfois à vue et sans sommation.
— Nous sommes restés terrés à la maison pendant au moins quatre jours jusqu'à ce que notre père vienne nous chercher.

— Notre village n'a pas été épargné non plus, mais moins cruellement, les insurgés ont attaqué des fermes, brûlé les récoltes, coupé les poteaux électriques et tué un garde forestier, le cadi du village et une famille entière dans le village.

— La réplique de notre ex-ami Fernand et le lieutenant de la caserne du village a été aussi macabres et injustes.

— Ils avaient ratissé les quartiers, tués des indigènes pas forcément insurgés, pires, ils ont exposé leurs cadavres sur la place publique, comme un trophée de chasse.

— Nous sommes actuellement au village, consignés à la maison, sans même pouvoir sortir dans le jardin.

— Au village règne une ambiance de guerre, des militaires en patrouille dans tous les quartiers du village.

— Ce sont les pires vacances que nous eûmes cette année, j'espère que cela se passe autrement pour tes vacances.

— Heureusement avant ces horribles évènements, nous allions chaque jour à plage, nous sommes devenus tout noirs à force de nous exposer au soleil ; les gens d'ici sont très sympathiques et accueillants, aussi bien les parents que les enfants des deux communautés.

— Alors que nous les enfants nous nous empiffrions de glaces et de pommes d'amour, les adultes étaient attablés ensemble, en jouant aux cartes et en trinquant la traditionnelle anisette à l'ombre des parasols.

— Ils étaient tous basanés par l'ardeur du soleil qu'il était assez difficile de distinguer les Européens des autochtones.

— Nous nous sommes fait beaucoup d'amis aussi.

— Voilà, j'espère que tu n'as pas connu les affres de ces atrocités à la campagne peut-être plus calme qu'en ville.

— Nous t'embrassons et attendons ton retour avec impatience.

Ma longue conversation au téléphone semblait déplaire à ma tante.

J'ai déposé le combiné et suis allé lui demander l'autorisation de continuer ma conversation. Elle me dit en riant que ma mère sera obligée de payer la note de son fils, puis elle me fit signe de continuer.

J'ai raconté à mon tour les sinistres vacances que je passais à la ferme de grand-mère, surtout l'enfer des évènements que j'ai vécu à la ferme et mon sentiment d'être au cœur même du repaire des insurgés, et à mon étonnement, des oncles et des cousins en faisaient partie.

Je lui ai raconté également notre promenade en calèche avec les amis européens de la ferme voisine et que nous avions échappé à la mort grâce à la notoriété de leur père dans la région.

Gabriel prit à son tour le téléphone pour me donner des nouvelles de nos autres amis communs, Jean et Antoine. Ils lui racontèrent :

Alors qu'ils étaient en train de jouer dans leur cabane improvisée, des hommes armés passent à proximité d'eux, ils déguerpirent immédiatement en direction de la maison.

En entrant, leur père avait l'oreille collée à la radio, ils entendirent les macabres nouvelles directement par le radio.

À travers une fenêtre, ils aperçurent que les hommes armés se dirigeaient tout droit vers la maison, c'était la panique alors que leur père, imperturbable, continuait à écouter sa radio.

Nous voyant apeurés, il tenta de nous rassurer en disant que ce n'était que de simples chasseurs.

Les hommes armés arrivèrent devant la porte, nous nous sommes barricadés dans la chambre en nous attendant au pire.

Ils furent soulagés en voyant les hommes repartir après une longue et aimable discussion avec leur père.

Notre père ne semblait pas inquiet. En observant ses discussions cordiales avec ces hommes armés, notre père soutenait bel et bien les révolutionnaires, comme le disaient quelques habitants de notre village.

L'oncle Ahmed arriva, comme prévu, avec son taxi pour me raccompagner chez mes parents.

Il nous raconta son périple pour venir jusque chez tante Myriam.

L'avantage avec Ahmed, c'est qu'il disait tout, sans aucune précaution oratoire, même en présence des enfants.

Il avait subi d'innombrables contrôles et fouilles de militaires ou gendarmes tout au long de son parcours.

Il avait été contraint de bifurquer à plusieurs reprises pour se frayer un chemin et éviter les lieux de conflits où il avait entendu çà et là des coups de feu.

Il nous racontait ce qui s'était passé dans notre village, au même moment que les autres villes et villages.

Le lendemain, nous prenions la route

Six heures plus tard, j'arrivai enfin à la maison. Mais quel périple !

Pour une distance moyenne de quatre-vingts kilomètres, Ahmed avait circulé plus de six heures en bravant les dangers des zones de conflits sur le trajet.

En entrant dans le village, des chars et des camions GMC étaient parqués à l'entrée et un peu plus loin, des militaires patrouillaient un peu partout.

Le taxi me déposa non loin de ma maison.

Je poursuivis mon chemin jusqu'à mon quartier.

Quelques enfants du voisinage étaient groupés devant l'entrée de la porte commune, les uns jouant aux billes, les autres discutant ou plutôt se chamaillant pour je ne sais quelle raison.

Dès mon arrivée à la maison, c'était le grand soulagement de ma famille de me voir revenir sain et sauf.

Ma mère téléphona aussitôt à ma tante pour la prévenir que nous étions bien arrivés.

Tante Myriam lui raconta qu'un grand nombre des gens de la ferme qui avaient participé au soulèvement a été tué lors de l'attaque du village. Parmi eux, deux proches cousins.

Pour répliquer à l'attaque du village, qui avait coûté la vie à une dizaine d'Européens et entraîné la destruction de quelques édifices, les militaires avaient ratissé toute la région, arrêté et tué des paysans et brûlé leurs gourbis.

Mon oncle El Garmi, sa fiancée Yasmina et quelques autres maquisards réussirent à rejoindre le maquis avant l'arrivée des militaires.

Le lendemain, je partis en priorité en direction de la maison de mes amis Gabriel et Madeleine, mon amour précoce.

Les portes d'accès au jardin et à la villa, qui d'habitude étaient grandes ouvertes, semblaient verrouillées.

J'appuyai sur le bouton de la sonnette et attendis quelques instants.

La mère ouvrit la porte, se dirigea vers moi la mine triste suivie de Madeleine et Gabriel qui souriait.

Nous allâmes ensuite à l'intérieur de la villa,

Je ressentais que notre rencontre d'habitude joyeuse était marquée par la tristesse due aux évènements.

Même leur mère avait perdu son habituelle humeur cordiale.

Cela me paraissait à l'évidence lié aux évènements, car notre village n'avait pas été épargné.

Ma visite impromptue chez mes amis fut écourtée, car ils devaient partir déjeuner chez un membre de leur famille en ville.

Madeleine, Gabriel et moi avions tant de choses à nous raconter, nous nous sommes promis de nous revoir à leur retour.

Avant que je ne les quitte, la mère me remit un paquet de biscuits qui n'égalaient pas ses succulents gâteaux faits maison. Ce geste me rassura, sa générosité à mon égard était intacte.

De là, je partis en quête de rencontres avec mes autres amis européens.

J'arrivai donc devant la demeure de Jean et Antoine, les fils du garde champêtre, une maison en retrait du village.

Les gens du village les appelaient aussi « les fils du rouge », car leur père Henri avait été un résistant communiste pendant la Seconde Guerre mondiale.

Quant à nous les enfants, nous les taquinions souvent en les surnommant « les fils de la tomate », un surnom qu'ils n'aimaient guère.

Je faillis rebrousser chemin, car, non loin de leur maison, stationnait un détachement de militaires, arme au poing.

Comme d'habitude, la barrière était entrouverte. J'arrivai à la seconde porte d'accès de la maison ; elle était fermée.

Habitué des lieux, je contournai la demeure pour aller dans le jardin qui se trouvait à l'arrière.

Jean et Antoine n'étaient pas là. Leur père Henri s'affairait à arroser les fleurs et les bosquets.

— Tiens, te revoilà toi ? Alors, fini les vacances ?

Je lui répondis par l'affirmative en hochant la tête.

— Jean et Antoine sont encore en vacances, eux, ils reviendront juste avant la rentrée des classes, dans une semaine.

— As-tu déjà vu les autres amis ?

— Oui, Gabriel et Madeleine.

— Et pas de problème, tu les as rencontrés.

— Oui, mais ils sont partis avec leurs parents pour déjeuner dans leur famille.

— Et chez François et Fernand, les fils de Gaston, l'adjoint au maire, tu as été déjà ?

— Non, pas encore.

— Je te conseille de ne pas y aller, tu risques d'être chassé à coups de pied dans le derrière. Le racisme de leur père à l'égard des autochtones s'est encore aggravé ces derniers jours, il est devenu comme un enragé.

À propos de monsieur Gaston, le père de Fernand et François, c'était le personnage le plus antipathique du village parmi la communauté européenne.

Propriétaire terrien dans la région, il était réputé pour être le plus dur et injuste à l'égard des indigènes et manifestait une haine indescriptible à l'égard du seul élu arabe qui siégeait avec lui à la mairie du village, un ancien combattant unijambiste qui avait perdu un pied à la bataille de Verdun sous le drapeau tricolore.

Je suivis les conseils de monsieur Henri, je renonçai à aller chez François et Fernand en évitant frôler les militaires sur mon trajet.

Je pris le chemin du retour à la maison en bifurquant par la grande avenue du village, la plus animée, surtout en période d'été.

Il régnait une ambiance bizarre.

De part et d'autre de l'avenue, les deux brasseries principales étaient quasiment vides alors que d'habitude elles étaient bondées de monde et que l'on humait à distance l'odeur de l'anisette et des brochettes de *kémia*.

Les magasins dont les étals de marchandises débordaient traditionnellement sur les trottoirs étaient à peine entrouverts, voire carrément fermés.

Un groupe de militaires patrouillait inlassablement de bas en haut de l'avenue.

Ces évènements avaient terni l'ambiance fraternelle qui y régnait dans le village avant.

Quant aux adultes, tout un chacun déversait sa rancune sur l'une ou l'autre communauté, entretenant ainsi un conflit dont on ne savait quelles seraient les implications à l'avenir.

L'arrivée progressive de contingents militaires et la formation d'une milice locale d'autodéfense étaient loin de rassurer, elles engendraient au contraire davantage de crainte.

Un tel déploiement de forces et le quadrillage apparent du village laissaient présager une véritable guerre dont on redoutait déjà le pire dans les mois ou les années à venir.

Pendant les quatre années qui suivirent, la guerre de libération des Algériens, baptisée « les évènements d'Algérie » côté français et qui deviendra plus tard « la guerre d'Algérie », continuait à faire des ravages parmi la population des deux communautés et particulièrement celle des autochtones, bien plus parmi les civils que les résistants armés éparpillaient dans les montagnes.

Dans notre petit village de 3 000 habitants, la majorité des Européens était pour la guerre afin d'éradiquer l'organisation des rebelles, car il était impensable de céder une once de leurs privilèges et encore moins d'abandonner le pays qui les a vu naître eux et leurs aïeux, dans lequel ils y vivent depuis plus d'un siècle.

Les Algériens revendiquaient quant à eux, leur liberté et la dignité qui s'y attache, contre un système colonial jugé injuste et répressif.

Il y avait certes des hommes sages qui tentaient de concilier les deux communautés, mais leur voix était inaudible.

Le vétérinaire par exemple, pacifique et conciliant, il illustrait son opinion par une de ses propres métaphores que l'on aurait aimé la voir partager :

« Dans le monument aux morts du village, quarante-trois noms de soldats figurent sur la stèle pour la libération de la France pendant la Seconde Guerre mondiale. Vingt-sept d'entre eux sont des Algériens et seulement seize Français. La France ne leur doit-elle pas cette liberté, alors qu'ils nous ont permis d'acquérir la nôtre ? »

Ou encore, monsieur Henri, qui soutenait ouvertement l'indépendance de l'Algérie, car, comme il le disait :

« Les Algériens ont droit à leur indépendance. Les Européens ont le droit de vivre dans le pays pour peu qu'ils renoncent à leur injustice et à leurs privilèges et traiter d'égal à égal les Algériens ».

Devant ces échauffourées, nous les adolescents, prenions progressivement conscience des effets de cette guerre qui venaient perturber notre amitié sans pour autant l'altérer fondamentalement.

Les bribes de discussions de nos parents entendues subrepticement à propos des évènements quotidiens nous interpellaient certes, mais ne troublaient aucunement nos rapports.

Alors que les habitants du village, l'esprit d'amitié et les fêtes aux odeurs d'anisette d'antan avaient laissé place au scepticisme et aux affrontements d'opinions à propos de cette guerre, laquelle, au coin de chaque rue, nous narguait par la présence disproportionnée de militaires, des barrages et des fils barbelés en plein cœur du village pour pacifier et maintenir l'ordre en Algérie, nous disent-ils.

S'ajoutait à cela la censure de manière systématique sur les médias (presses et radios) ou, à de rares exceptions, on ne pouvait lire ou entendre que les seules versions biaisées du gouvernement général de l'Algérie.

Des manchettes de journaux aux titres victorieux, annonçant des centaines de rebelles tués chaque jour,

laissaient penser aux crédules qu'il ne restait pas grand nombre de ces insurgés, que le calme et la paix n'étaient qu'une affaire de quelques semaines.

Cependant, personne n'était dupe, les Algériens voulaient obtenir leur indépendance, prendre leur destinée en main alors que la majorité des pieds noirs, communément appelés ainsi, voulaient maintenir coûte que coûte une Algérie française.

Chapitre V
Adolescence, collèges et amour

C'était bientôt la rentrée des classes et chaque famille se consacrait à la préparation de la rentrée de ses enfants.

Parmi notre groupe de camarades, certains entreraient en sixième au collège avec une certaine appréhension, d'autres, déjà expérimentés, passeraient en cinquième cette année.

Le collège local était snobé par les villageois et on lui préférait les collèges publics ou privés de la grande ville sise à une quinzaine de kilomètres de là.

Des cars, assuraient la liaison entre la grande ville et le village toutes les demi-heures ainsi qu'un train, mais à des heures plus espacées.

Mais, il est fort à parier que la majorité des camarades feraient leurs études sous le régime de l'internat pour éviter les risques d'attentats qui visaient les moyens de transport.

Quant à moi, le choix était déjà fait, mes parents avaient opté pour le collège local, leur portefeuille ne leur permettant pas de combler mes espérances, d'aller dans un des collèges réputés de la ville.

Nous nous retrouvâmes donc, en cette année 1960, quasiment adultes, les uns en troisième, les autres en seconde.

Nous avions gagné en taille et en maturité aussi.

Gabriel est devenu un colosse d'un mètre quatre-vingt pour ses dix-huit ans alors que je faisais à peine un mètre soixante-dix.

Madeleine s'était considérablement affinée, elle est de plus en plus belle. Elle était à peu près de la même taille que moi et j'étais encore plus amoureux d'elle qu'à douze ans.

Son succès auprès des garçons était indéniable et cela me rendait horriblement jaloux, comme si elle était déjà mienne.

D'autant que la concurrence s'était enrichie de jeunes et beaux garçons militaires des contingents de l'armée dont le nombre avait quadruplé dans le village.

De jeunes conscrits venus de métropole qui, aux dires de certains villageois, se plaignaient de sacrifier leur jeunesse dans une guerre inhumaine.

Ils étaient confrontés au dilemme entre l'obéissance du soldat, quitte à utiliser des méthodes barbares, et la conscience morale ou religieuse qui ne cessait d'interpeller un grand nombre d'entre eux sans pour autant renoncer à leur devoir de soldat dans cette sale guerre.

Des conscrits parmi eux venaient souvent nous voir en catimini, peut-être plus pour séduire les filles que copiner avec nous les garçons.

Quelques autres sortaient à proximité de la caserne avec un livre à la main pour mater les filles du coin.

Nous discutions surtout des nouveaux films, des chanteurs à la mode et les recettes de séduction des filles du pays. Certains nous montraient délicatement la photo de leur fiancée, l'air affectueux.

Il nous arrivait parfois de faire office de facteur pour remettre une lettre à une fille du village de la part d'un soupirant.

Nous évoquions également la sempiternelle guerre, l'opinion majoritaire était contre ses tueries des deux côtés.

Quelques-uns disaient qu'ils étaient là pour leur devoir de citoyen français de défendre les Français d'Algérie.

Comme prévu, Gabriel et Madeleine, suivaient leurs études en internat dans les lycées de la ville voisine, et moi, dans celui du village. Nous nous voyons moins souvent que par le passé et seulement le week-end.

Entre Madeleine et moi, notre amour s'était raffermi encore plus. Nous voulions le vivre au grand jour et le crier sur tous les toits, mais les traditions et surtout les commérages au demeurant ancrés chez les deux communautés particulièrement dans notre petit village nous obligeaient à vivre notre amour en cachette, usant de tant de subterfuges pour ne pas nous exposer à la vindicte publique.

Chaque fois que nous eûmes l'occasion de nous revoir, ces moments furtifs furent tellement intenses en amour et en émotion que nous oublions, parfois, les regards hostiles dans les recoins du village.

D'ailleurs, c'est comme cela que nous étions surpris par un villageois qui nous avait sermonnés, il avait rapporté la scène au père de Madeleine.

Le père de Madeleine a beau le convaincre que nous n'étions que des amis d'enfance, le villageois insistait pour lui dire que la scène qu'il avait vue était au-delà de la simple camaraderie.

Gabriel était tombé amoureux d'une lycéenne issue d'une riche famille arabe ; Nadia était tellement belle que l'on se mettrait à genoux devant elle, signe, comme le disait Gabriel lui-même, que l'amour pouvait surpasser les interdits communautaires.

Il réussit à faire accepter par sa mère la venue de Nadia à la maison parentale dans le village, non pas comme petite amie, mais mensongèrement comme collègue de lycée.

Madeleine, en confidence, me raconta la réflexion de sa mère ce jour-là : « Ma fille fréquente son jeune arabe d'enfance et voilà que mon fils à son tour s'amourache d'une belle autochtone ; ils ont de qui tenir, moi la mère juive qui épousa un goy français ; ainsi la boucle est bouclée ».

Gabriel, naguère apposé aux sentiments amoureux entre sa sœur et moi, devenait carrément conciliant, voire complice de notre amour.

Il nous arrivait d'évoquer et de rire du temps où il jouait au gendarme pour soi-disant protéger sa sœur. Il admettait volontiers son harcèlement de l'époque, mais avait un argument de taille pour le justifier : c'était prématuré pour votre âge, nous disait-il.

Gabriel jalousait sa sœur au prétexte qu'elle rentrait chaque Week-End au village et, malgré les réticences, elle me rencontrait souvent alors que lui souhaitait de préférence rester en ville pour sortir avec sa dulcinée.

Madeleine, qui ne manquait jamais de bonnes idées dans de telles circonstances, suggéra un plan enthousiasmant :

- J'ai la solution ! Nous allons demander à tante Gisèle de nous loger une semaine sur deux chez elle dans la grande ville. Elle est super-gentille, plutôt débridée, te souviens-tu, Gabriel, quand elle nous racontait ses escapades amoureuses de jeunesse.
- Elle a de l'emprise sur notre mère, pour obtenir son accord et à nous la liberté incognito dans la grande ville contrairement à ce village où nous sommes épiés dans nos moindres faits et gestes.
- Et toi, mon Caramel, obligé, tu viendras me rejoindre forcément ?

Gabriel et moi, nous nous regardâmes droit dans les yeux, époustouflés par la proposition géniale de Madeleine.

Le jour suivant, Madeleine téléphonait sans tarder à tante Gisèle qui accepta volontiers d'intercéder.

Deux jours après, je recevais une lettre de la part de Madeleine, que d'émotions et de larmes de joie en la lisant et surtout les paragraphes suivants :

Caramel, mon chéri

Tu pourras venir chaque mercredi, non pas pour me voir de loin, comme d'habitude car je n'étais pas autorisée à sortir de l'internat, mais pour repartir toi et moi, ensemble, la main dans la main, avec la bénédiction de tante Gisèle.

Figure-toi, tante Gisèle a réussi à convaincre les parents d'héberger Gabriel et moi chez elle une semaine sur deux et, mieux encore, elle s'est portée comme garante, pour que je sorte librement la journée de chaque mercredi de l'internat. Tu ne peux pas t'imaginer, je suis folle, mais alors folle de joie.

Ma joie fut exponentielle au fur et à mesure que je lisais le texte, cette inattendue liberté de pouvoir rencontrer Madeleine sans aucune contrainte, moi qui allais chaque mercredi en ville juste pour l'entrevoir au travers des grillages du lycée sans pouvoir l'approcher ni lui parler.

À nous, les salles de cinéma, le lieu bien discret où se bécotent les jeunes amoureux de notre âge, ou encore les balades dans les jardins fleuris, en incognito dans la grande ville, sans les regards réprobateurs et les rabat-joie de notre petit village.

Un seul petit bémol, à savoir, Madeleine sortira-t-elle seule pour aller chez tante Gisèle, qui habite une rue, située à deux cents mètres à peine du lycée, ou est-ce la tante, qui viendra la chercher. De toute façon, connaissant les rapports complices que Madeleine entretenait avec sa tante préférée, elle arrivera, dans les deux cas, à la convaincre de nous laisser sortir ensemble.

Le mercredi venu, je partais gaiement à la rencontre de Madeleine en train jusqu'à la gare puis à pied pour la rejoindre au lycée.

J'étais à trois cents mètres du lycée, je voyais Madeleine accourir vers moi, j'accélérais le pas, à notre rencontre, nous nous sommes embrassés devant un public plutôt attendri que critique.

Madeleine, regard pétillant, m'annonça le programme de la journée :

- Nadia s'était arrangée avec son voisin, propriétaire d'une des calèches qui font la navette sur le pont suspendu de l'hôpital, il nous baladera, autant que vous

le voudrons les rideaux baissés, si tu vois ce que je veux dire !
- Gabriel et Nadia nous attendent en ce moment même à l'entrée du lycée ; nous remontrons ensemble le boulevard pour rejoindre la place où stationnent les calèches.
- Ensuite, tante Gisèle nous invite à déjeuner chez elle nous, Gabriel et Nadia à la condition de ne rien révéler aux parents, ça lui rappellera ses escapades de jeunesse, disait-elle.
- Et, le bouquet final, nous irons voir un film dans les salles du cinéma le Colisée. Peu importe d'ailleurs le titre, l'essentiel c'est d'être l'un à côté de l'autre et plein de baisers amoureux dans le noir bienveillant de la salle.
- Mais tante Gisèle ne me connaît pas, elle risque d'être réticente à mon égard non, lui dis-je.
- Tu parles, je la bassine avec notre amourette depuis l'âge de huit ans !
- En plus, elle avait vu ton manège quand tu venais les mercredis précédents et c'est pour cela qu'elle avait

demandé aux parents de l'autoriser à me sortir la journée du mercredi.
- Tu vois, il n'y a pas que moi qui t'aime, tante Gisèle te trouve attendrissant.
- Des larmes aux yeux trahissaient mon émotion sous un regard attendrissant de Madeleine.
- Peu après, je dis à Madeleine sous une forme de boutade :
- Finalement, ton frère Gabriel avait raison quand il disait que nous étions encore jeunes pour nous aimer.
- Taratata, mon chéri, je te connais assez pour que tu sois d'accord avec ses inepties.

Nous repartîmes à la rencontre de Gabriel et Nadia, en traversant le centre-ville, choisissant les chemins les plus discrets, en nous arrêtant à chaque centaine de pas, pour nous faire un baiser sans une contrainte ni retenu.

Une journée de pur bonheur comme prévu, jamais nous n'eûmes une telle occasion d'être aussi proches physiquement et libres de nos passions. Nous n'avons cessé de bénir en ce jour tante Gisèle sans qui nous n'aurions pas eu cette aubaine. Une femme qui bravait toutes les conventions rétrogrades des trois traditions, chrétiennes, musulmanes et juives qui s'enchevêtraient entre elles comme par consensus.

Puis l'heure de l'intolérable séparation, Madeleine regagna la prison dorée qu'était l'internat du lycée de son côté et moi vers le village honni.

Sur le chemin du retour, je revivais ces moments d'intense bonheur et me languissais déjà du mercredi prochain.

Gabriel, sa sœur Madeleine, moi-même et Jean et Antoine, les fils d'Henri le garde champêtre, formions le groupe des cinq indéfectibles amis dont l'amitié s'était encore renforcée avec l'âge.

Nos parents respectifs favorisaient, à leur façon, ils ont su maintenir une convivialité entre parents malgré les réprobations, parfois des menaces de leur propre communauté.

Ainsi, quasiment chaque week-end, nous nous retrouvions autour d'un déjeuner festif chez l'un ou l'autre de nos parents. Ma mère préparait le traditionnel couscous de la semaine, la mère de Jean et Antoine, par tradition culinaire de son origine alsacienne, nous préparait une choucroute ; c'était le plat le moins apprécié de nous tous depuis que nous apprîmes que cette denrée était broyée par des employés chaussant de longues bottes, ils urinaient sur les choux, pour éviter de sortir des fûts, aller aux toilettes, nettoyer leurs bottes avant de reprendre le travail. C'est probablement une légende, mais nos papilles refusaient le plat sans même savoir le vrai du faux de cette affirmation.

La mère de Madeleine et Gabriel, hormis le plat de spaghetti à sa sauce spéciale, nous préparait un plat typiquement juif, mais aussi des plats que nous lui demandions, car, elle était un vrai cordon-bleu en plats à la fois français, juifs ou algériens.

À vrai dire notre meilleur régal c'était le méchoui, il y avait toujours un éleveur qui nous ramenait un agneau de son cheptel. Le père de Madeleine et Gabriel, en sa qualité de vétérinaire, était très respecté par les éleveurs de la région, et comme il le dit, si je devais accepter toutes les offrandes, je finirais par avoir un troupeau de moutons dans mon jardin.

Chapitre V
L'implication

La particularité de notre groupe d'amis indéfectibles, nous ne soutenions aucun des deux belligérants de cette ignoble guerre, nous condamnions les atrocités des deux camps, d'autant que nous étions marqués, par les tueries auxquelles nous avions assisté en vacances, alors que nous avions douze ans à peine.

François et son frère aîné Fernand, la haine de leur père Gaston avait fini par déteindre sur eux, s'étaient progressivement éloignés de notre groupe.

Ils avaient formé, avec d'autres camarades européens d'enfance, un deuxième groupe plus nombreux, des partisans de l'Algérie française.

Ils furent d'ailleurs, avec leur père, en tête du cortège de la manifestation organisée dans le village en faveur de l'Algérie française, comme suite aux barricades des Européens à Alger consécutives à la déclaration, en 1960, du général de Gaule, faisant allusion à l'autodétermination de l'Algérie.

Fernand s'est engagé dans l'armée en demandant explicitement une affectation dans la caserne du village pour faire la peau aux indigènes, disait-il ouvertement à qui voulait l'entendre.

Il s'était lié d'amitié avec le lieutenant le plus sinistre des militaires du village, se vantant d'avoir participé à des opérations contre les « fells », abréviation du mot « fellagha » dans le jargon militaire.

Côtés copains indigènes, Saïd, dont plusieurs membres de sa famille ont été tués ou emprisonnés, avait interrompu ses études pour rejoindre trois mois auparavant l'Armée de libération nationale, la branche armée du FLN.

Lorsque nous apprîmes la nouvelle, nous ne fûmes pas étonnés de son engagement avec les révolutionnaires algériens, quoique ne sachant pas si cela était par conviction ou dans la crainte des menaces que proférait sans cesse à son encontre Fernand, la jeune recrue de l'armée, affecté à la caserne militaire locale et qui, à la moindre occasion, n'hésiterait pas à s'attaquer à ses anciens camarades, tant il avait la haine d'avoir été écarté de leur groupe. Il était inconditionnellement pour une Algérie française.

En effet, alors que nous discutions musique et séductions des jeunes filles du collège, Fernand et lui ne cessaient de se chamailler, jusqu'à arriver aux mains parfois, l'un pour une Algérie française et l'autre pour une Algérie indépendante.

Saïd traitait Fernand de fasciste et Fernand le traitait à son tour de fils de fellagha.

Un autre collègue de collège avait été enrôlé chez les harkis, un contingent de supplétifs algériens combattant sous le drapeau français contre leurs confrères algériens.

La malchance voulut qu'il soit tué cinq mois plus tard dans un affrontement contre les éléments de l'armée de libération lors d'un ratissage de l'armée française pour sécuriser une zone infestée de fellaghas, comme le disaient les militaires.

Il était en première ligne comme ses autres collègues-harkis dans ce genre d'opérations militaires au prétexte qu'ils connaissaient mieux le terrain d'affrontement, pour ne pas dire qu'ils servaient de chair à canon.

Nous nous interrogions encore sur les raisons de son engagement comme harki dans l'armée française.

S'agissait-il d'une fuite en avant due à un problème familial, ou cherchait-il la gloire pour hisser son prestige, car son entourage se moquait un peu de lui.

En tout cas, tous ceux qui le connaissaient écartent l'idée d'un engagement idéologique pour une Algérie française.

Kader et moi-même fûmes arrêtés pour avoir participé à une manifestation pacifique pour l'indépendance de l'Algérie organisée par le FLN.

Nous fûmes arrêtés par les militaires puis confiés plus tard aux gendarmes après avoir subi un premier interrogatoire séparément.

Beaucoup de manifestants furent arrêtés par les militaires. Certains furent relâchés, d'autres subirent des interrogatoires dans la caserne militaire.

Nous nous réjouissions de passer aux mains des gendarmes, car les militaires et particulièrement leur lieutenant et Fernand avaient la réputation d'être des tortionnaires.

Un autre sinistre personnage du même acabit, réputé pour ses exactions dans le village, c'était le sergent, un ancien repenti de l'armée de libération nationale, il faisait arrêter des civils souvent innocents, qu'il libérait ensuite contre une rançon.

Nous devions notre salut du fait que nous étions mineurs, âgés d'à peine seize et dix-sept ans, et que notre action a été qualifiée de simple trouble à l'ordre public et non pas que nous soyons considérés comme des militants de l'indépendance algérienne.

Mais c'est surtout l'intervention d'un père de Madeleine et Gabriel et de son ami le juge de paix qui nous épargna de justesse d'être confiés aux militaires.

Le jour de cette manifestation, le plus épatant c'est que Madeleine faisait discrètement partie de la même manifestation, mais dans un autre cortège, de quoi être honnie par la majorité des Européens du village.

Contrairement à nous, elle a été emmenée au commissariat

L'officier de police avait téléphoné à son père pour venir la chercher, mais elle refusa net en imposant que je sois également libéré en même temps qu'elle, un geste d'amour que je ne saurais oublier.

La condamnation des indigènes était plus sévère, surtout en cette période de guerre.

En effet, pour une action bien moindre que la nôtre et parfois sur simple suspicion, des indigènes étaient emprisonnés, voire fusillés après un interrogatoire.

Nous fûmes internés dans une même cellule, jouxtant d'autres cellules dans la grande cour de la gendarmerie, en attendant notre interrogatoire le lendemain.

Dans la gendarmerie, il n'y avait certes pas autant d'hommes en tenue que dans la caserne militaire, mais l'effectif était inhabituel pour une gendarmerie de village, car pas moins d'une trentaine de gendarmes et d'auxiliaires occupaient les lieux.

Pendant la guerre d'Algérie, les gendarmes, outre leur mission traditionnelle de maintien de l'ordre, étaient également impliqués dans le renseignement et la traque des sympathisants et révolutionnaires algériens.

Avant d'entrer dans la cellule, nous eûmes le temps de faire un repérage des lieux.

À l'angle de la lignée des cellules, il y avait un groupe de gendarmes, un prisonnier, torse nu, ses mains, ligotées dans le dos.

Il y avait entre autres un baril métallique rempli d'eau qui servait probablement au système de la torture de l'eau, connue sous l'appellation de « la baignoire », une technique basée sur l'idée de faire suffoquer la victime pour obtenir des aveux.

D'ailleurs, le prisonnier était entièrement mouillé et affichait une tête de désespéré.

Dans la cellule à côté de celle où nous étions, nous entendions des hommes geindre ou crier leur innocence tout en frappant des mains contre la porte de leur cellule.

J'avais déjà eu affaire aux gendarmes il y a environ six mois ; je m'étais emporté contre un professeur au collège qui se vantait d'être viscéralement raciste en lui lançant un plumier comme signe de ma désapprobation à ce qu'il venait de dire.

L'officier de gendarmerie qui m'avait interrogé à l'époque avait conclu qu'il n'y avait pas lieu de m'inculper, mais qu'il garderait néanmoins les éléments de l'enquête en cas de récidive. Il m'a fiché en quelque sorte.

La cellule de la gendarmerie où nous fûmes internés était exiguë, deux banquettes en ciment nous servaient de lits, mais il était tellement inconfortable de dormir dessus que nous restâmes recroquevillés toute la nuit.

Pire que l'inconfort de la cellule, les interrogatoires et tortures des occupants des autres cellules continuaient sans arrêt et notre plus grande hantise, quand nous entendions les pas des gendarmes, proches de notre cellule, était de savoir qui allait être le prochain, pour subir les sévices.

On avait beau s'armer de courage, il y avait eu tellement d'injustices ces dernières années que nous craignions le pire.

Kader était un peu moins anxieux que moi, car c'était sa première arrestation.

Il pensait que notre jeune âge, synonyme d'irresponsabilité, nous serait favorable pour ne pas subir de semblables supplices.

Huit heures du matin, la porte de notre cellule grinça et deux gendarmes apparurent :

— Qui de vous deux s'appelle Kader ?

Kader leva le doigt.

— Vous venez avec nous, s'il vous plaît ?

Kader sortit avec les gendarmes qui refermèrent immédiatement la porte derrière eux.

L'attente fut longue et angoissante.

En vérité, Kader et moi-même, nous n'étions pas que de simples manifestants.

Nous faisions partie des membres actifs, chargés de l'encadrement et de l'organisation de cette manifestation ordonnée par le FLN pour faire contrepoids à celle organisée précédemment par des Européens partisans de l'Algérie française.

Nous avions, sous le patronage d'un responsable du FLN, créé une cellule de lycéens indigènes pour manifester pacifiquement en faveur de l'indépendance de l'Algérie au même titre, qu'il existait déjà, une cellule européenne pour la défense d'une Algérie française.

Alors que le clan des lycéens européens était légalement autorisé, le nôtre était clandestin, car nous pouvions être considérés comme des indépendantistes et donc punissables.

C'était d'ailleurs la consigne, en cas d'arrestation dans la manifestation, de dire que : « Nous nous sommes joints spontanément au cortège des manifestants, par curiosité et sans connaître l'objet de la revendication. » Pour éviter une condamnation plus sévère.

Ma hantise était que Kader craque au moment de l'interrogatoire et révèle notre vrai rôle.

Visiblement, il n'était pas assez solide pour affronter ces épreuves.

C'est le sentiment que j'avais eu lorsque les militaires avaient chargé les manifestants pour les disperser.

Une catastrophe pour une manifestation pacifique : deux morts, une dizaine de blessés et pas moins de cent personnes arrêtées. Avec le sinistre lieutenant épaulé par Fernand, on ne pouvait pas s'attendre à moins.

Kader avait surtout une peur bleue de notre ami d'enfance,

Fernand était en conflit permanent avec Saïd, Kader et moi-même. Son fascisme avéré à notre égard mettait mal à l'aise même nos camarades européens à force de théoriser sur l'Algérie française, les musulmans et l'indépendance algérienne.

Kader, en particulier, était en permanence dans le viseur de Fernand, car la famille dont il était issu appartenait à une grande famille révolutionnaire partisane de l'indépendance de l'Algérie.

D'autant plus qu'un des frères de Kader était à l'origine d'un attentat à la grenade dans la brasserie du village qui avait fait deux morts et cinq blessés, tous européens, dont un enfant de cinq ans.

Pour ces raisons, Kader était persuadé que Fernand n'attendait qu'une occasion pour le tuer ou l'emprisonner.

Seul dans ma cellule, le temps semblait stagner.

J'envisageais dans ma tête tous les scénarios possibles, du plus clément au pire.

Je faisais moi-même les questions et les réponses de mon prochain interrogatoire.

J'espérais revoir Kader avant d'aller à mon tour affronter le calvaire, voir s'il portait physiquement des traces de tortures et surtout savoir ce qu'il avait pu dire aux gendarmes lors de son interrogatoire.

Peine perdue, Kader ne revint pas.

La porte de ma cellule s'ouvrit et je sortis, encadré par deux gendarmes à mon tour.

Seule consolation immédiate, ils me dirigèrent vers les bureaux administratifs de la gendarmerie et non pas dans la cour où était installé le système infernal de la torture à l'eau.

Nous entrâmes dans l'enceinte d'un bureau. Deux gendarmes se mirent côte à côte face à moi, le troisième, derrière eux, s'installa sur un petit bureau équipé d'une machine à écrire, feuilles de papier et de carbone déjà introduit, prêt à recevoir mes déclarations.

— Vos noms et prénoms, s'il vous plaît ?

— Mohamed Y…

— Bon, tu sais pourquoi tu es ici.

— Oui, j'avais manifesté, je n'ai rien fait de mal.

— Bon, écoute.

– *Primo*, tu n'es pas là que pour la simple manifestation.

– *Secundo*, je t'explique comment nous allons procéder : tu nous dis la vérité sur tout ce que nous allons te demander, et ainsi, tu seras bien traité. Ou tu joues au plus malin avec nous et là, ça se passera très mal pour toi.

Le second gendarme ajouta, comme pour me menacer :

— Ton ami Kader a été transféré à la caserne militaire chez le caporal Fernand, un de tes amis d'enfance qui te déteste, tu vois ce que je veux dire !

L'autre gendarme reprit :

— Avant de revenir sur ta participation à la manifestation, j'ai trois questions à te poser.

— Par qui a été organisée la manifestation ?

— Dans ton lycée, y a-t-il des militants du FLN qui vous incitent à vous révolter contre la France ?

— Par qui ont été imprimés les tracts, appelant à la manifestation ?

Tout en écoutant les questions du gendarme, une chose me taraudait l'esprit. Kader a-t-il été transféré chez les militaires, a-t-il avoué !

Est-il entre les mains de Fernand, cet ancien camarade qui a juré de nous punir à la moindre occasion.

Je m'attendais à être interrogé sur ma seule participation à la manifestation et me voilà impliqué de faire partie des organisateurs de cette même manifestation, voire imprimer ou distribuer des tracts.

Je répétais les mêmes réponses :

— J'avais rejoint la manifestation par simple curiosité

— Je ne connais personne de responsable politique du FLN au lycée et je ne sais pas s'il en existe.

— J'ignore si des tracts ont été distribués au lycée.

Les deux gendarmes, impassibles, écoutèrent mes réponses tandis que le troisième dactylographiait ma déclaration.

— Bon, si tu continues de nier, tu sais ce qui t'attend, on te renvoie chez les militaires comme ton ami Kader et crois-moi, Fernand, n'hésitera pas à le torturer.

— Nous connaissons la vérité, un membre du réseau FLN a été arrêté et il a tout avoué lui, alors, soit tu nous dis la vérité et tout ira bien pour toi, soit tu continues de nier et ça ira mal.

— Les informations dont nous disposons sont que tu as été désigné par les responsables du FLN pour faire de la propagande de l'indépendance et organiser les manifestations.

Je niai en bloc toutes ces accusations.

— Bon, nous allons donc te confronter à ce responsable qui a avoué !

Les deux gendarmes sortirent du bureau et j'attendis la peur au ventre, de voir la tête de cette « balance » qu'était ce responsable.

Je restai donc seul avec le troisième gendarme qui cessa de dactylographier mon audition.

Il prit aussitôt la relève de l'interrogatoire sur un ton très paternel :

— Écoute, je suis père de famille, j'ai un fils de ton âge et je connais donc la fougue des jeunes. Dis-nous les noms de ceux qui ont organisé la manifestation avec toi avant d'être confronté au témoin.

— Je te garantis que tu sortiras libre

La stratégie psychologique du gendarme se voyait comme une étiquette collée sur son front !

— Je ne sais absolument rien de tout cela, lui répondis-je.

Quelques minutes plus tard, les deux autres gendarmes revinrent dans le bureau sans le prétendu témoin.

Ils me firent lire et signer le procès-verbal d'audition, puis ils m'accompagnèrent jusqu'à ma cellule.

Un peu plus d'une heure plus tard, la porte de ma cellule s'ouvrit, les gendarmes me menottèrent puis m'emmenèrent à la camionnette de gendarmerie.

En montant dans la camionnette, je vis que mon ami Kader était là aussi, menotté et assis entre deux gendarmes. Il ne présentait visiblement aucun signe de torture.

J'appris plus tard qu'il n'avait jamais été transféré chez le lieutenant et Fernand, notre ami d'enfance qui excellait dans les abus d'autorité.

C'était en fait une simple ruse des gendarmes pour me faire avouer.

Arrivés au tribunal, nous fûmes entendus séparément par le juge d'instruction, moi en premier.

Après une heure face à lui et à son greffier, le juge me résuma le verdict :

— Vous êtes inculpés des délits suivants, en faisant signe au greffier de noter :

- D'avoir rédigé des tracts hostiles à la France et sous l'égide d'un responsable du FLN.
- D'avoir organisé une manifestation non autorisée, sous le commandement du FLN.
- Par mesure de précaution, j'ordonne votre incarcération dès aujourd'hui à la prison du village.
- Avez-vous quelque chose à ajouter ?

— Monsieur le Juge, je n'ai rien fait de tout ça, à part ma participation involontaire à la manifestation !

— Vous vous expliquerez sur le fond devant le tribunal lors de votre prochaine comparution.

— Greffier, faites entrer les gendarmes pour la prise en charge du prévenu.

Kader, lui, fut plus chanceux. Le juge ne retint contre lui que sa participation à la manifestation.

Il fut libéré immédiatement après son audition avec la contrainte de ne pas quitter le village jusqu'à sa prochaine comparution.

Une fois dans la cour de la prison, allez savoir pourquoi une rétrospective me vint soudainement à l'esprit. À peine quinze jours plus tôt, je fêtais l'anniversaire de mes seize ans révolus avec des amis et, parmi eux, Gabriel m'avait offert le livre *Les Justes* d'Albert Camus et Madeleine, celui de *Roméo et Juliette* de Shakespeare.

Le livre d'Albert Camus ne suscita pas d'interrogation, par contre, celui qui m'a été offert par Madeleine, je m'interrogeais alors sur le symbole de cet ouvrage. Si l'histoire m'enchantait par l'ardeur de l'amour entre Roméo et Juliette, elle m'horrifiait quant aux difficultés qui s'opposaient à leur amour et la fin tragique des amants.

Je ferais venir ces deux livres que je relirais pour atténuer les inattendues journées de prison.

Au village, c'est surtout parmi mes camarades que le débat sur les raisons de mon internement suscitait le plus d'interrogations.

Et quelle ne fut pas ma surprise d'apprendre que c'était ma Madeleine qui avait pris ma défense avec virulence, surtout contre Fernand, l'apprenti tortionnaire du village :

— Non, mais ! Tu n'as pas été emprisonné, toi, quand tu as manifesté pour l'Algérie française l'autre fois ?

Il paraît que le Fernand était resté complètement désarmé à la réplique de Madeleine.

— Ah bon ! Tu défends un indigène maintenant, toi, lui avait-il répondu.

Et Madeleine d'ajouter :

— C'est mon ami d'enfance, bien meilleur que toi, ne t'avise pas de me tourner autour, vaurien !

Je m'enorgueillissais de sa position tranchée, surtout face à ce cynique et prétentieux personnage.

Il faut dire que Madeleine et moi ainsi que son frère Gabriel formions le groupe d'amis le plus fidèle depuis l'âge de six ans.

Nous étions cul et chemise jusqu'à la sixième, où nous avions commencé à nous voir moins souvent, parce que les parents de Madeleine et son frère Gabriel les avaient envoyés poursuivre leurs études secondaires en internat dans les collèges de la grande ville distants de quinze kilomètres.

Entre Madeleine et moi, l'amitié de l'enfance s'était transformée progressivement en un grand amour.

Plus jeunes, nous échangions déjà, en catimini, des romans d'amour, avec pour consigne de cocher discrètement au crayon, sur les pages du roman, la scène ou la déclaration d'amour que nous avions le plus aimée.

Nous dévoilions ainsi pudiquement nos sentiments réciproques.

Le plus beau geste d'amour avait été, à cette époque-là, de joindre ma main à la sienne, sous la table, lors d'un goûter chez ses parents et à l'insu de son frère vigilant.

Ou encore ce même jour, la tentative d'un baiser derrière la villa et qui n'avait même pas eu lieu, interrompue par ce même frère Gabriel toujours à nos trousses.

C'était à l'aube de nos quinze ans que débuta la plénitude de notre amour et naissait, par là même, notre ingéniosité à le vivre, clandestinement parfois, pour contrecarrer un environnement hostile, imbu d'interdits et de traditions rétrogrades.

Notre amour était imperturbable alors que les évènements de la guerre disloquaient les relations d'amitié qu'entretenaient quelques familles des deux communautés, une psychose s'était installée depuis le début de cette guerre et tout le monde se suspectait, d'autant plus que les combats des maquisards, les ratissages parmi la population autochtone et des attentats perpétrés en ville ne faisaient qu'accentuer la haine de l'autre.

La majorité des Européens était résolument contre l'indépendance de l'Algérie alors que dans la population indigène, l'on ne savait vraiment pas qui militait pour ou contre l'indépendance, car cela se faisait clandestinement.

Il y avait quelques sages qui manifestaient le désir de voir les deux communautés vivre ensemble, pour les Algériens, retrouver leur liberté et les Européens, continuer à vivre dans ce pays qui les a vu naître, eux et leurs aïeux pour peu, qu'ils renoncent aux privilèges du passé, mais malheureusement, la voix de ces sages restait inaudible.

Voilà bientôt trois mois que je suis dans cette prison.

Mon statut de prisonnier préventif me privait de recevoir des visites, pas même celle de ma mère qui venait chaque samedi, s'asseyait au pied de la porte de prison, pensant ainsi sensibiliser le directeur pour la laisser me voir au parloir.

Madeleine qui m'écrivait presque chaque jour du lycée quand j'étais à la maison et mes autres amis ne pouvaient m'écrire, car dans la schizophrénie de cette sale guerre, il fallait mieux s'abstenir au risque d'être suspecté de complicité.

Dans cette prison, il y avait surtout des prévenus, car c'était une prison de transit.

Il y avait deux garçons de mon âge qui attendaient leur jugement pour des délits de droit commun.

Il y avait également deux condamnés à perpétuité, des militants du FLN que l'administration pénitentiaire transférait de prison en prison pour ne pas leur laisser le temps d'endoctriner les prisonniers.

Pourtant, en moins d'une semaine, ils avaient expliqué, à qui voulait l'entendre, tous les détails de l'insurrection algérienne depuis le massacre de Sétif de 1945 à nos jours, avec la ferme conviction que l'Algérie sera libre et indépendante, quoi que fassent les Français, disaient-ils.

Leur bla-bla à propos de la guerre d'indépendance était plus au moins compris par les prisonniers, car tout un chacun vivait les affres quotidiennes de la guerre d'Algérie.

Mais là où tout le monde ne comprenait plus leur charabia, c'est lorsqu'ils commencèrent à évoquer l'histoire antique de l'Algérie et des Algériens, ils leur disaient également :

— Depuis l'occupation de l'Algérie, la France avait commencé par vous acculturer.
— Détrompez-vous, l'histoire de la France n'est pas la vôtre et les Gaulois n'ont jamais été vos ancêtres.
— Vos ancêtres à vous ce sont les Berbères, les Algériens d'aujourd'hui depuis des millénaires.

— Vous n'êtes pas des Gaulois, mais des Numides et votre roi n'est pas Charlemagne, mais Massinissa qui avait unifié l'empire numide de l'Est à l'ouest de l'actuelle Algérie bien avant que Charlemagne ne le fasse pour la Gaule.

Pour finir, les deux acolytes révolutionnaires, comme pour gonfler l'ego de chacun de nous, ajoutèrent :
— Depuis la nuit des temps, vos ancêtres au courage légendaire défendirent à chaque fois leur territoire pour préserver leur liberté et leur indépendance.
— Soyez fiers de vos origines et reprenez la bataille de vos aïeux pour défendre notre chère Algérie contre l'occupant.

L'auditoire semblait plus entendre qu'écouter, la population algérienne ignorait ses origines et son histoire, aidée en cela par un taux d'analphabétisme et la réduction de la personnalité algérienne volontairement entretenue par l'occupant.

Après ce discours, j'avais ressenti une certaine fierté comme les autres auditeurs.

J'étais souvent avec les deux prisonniers de mon âge et nous parlions de notre génération, pour tuer le temps.

Je crois que c'était la seule prison où l'on mangeait chaque vendredi un vrai bon couscous.

Une famille musulmane qui habitait juste en face de la prison nous déposait environ quatre grands plats, geste de charité, en ce jour bénit en Islam.

Un jour, je reçus la visite d'un avocat dans un bureau à côté de celui du directeur de la prison.

Il se présenta comme mon avocat désigné d'office pour me défendre devant le tribunal pour une audience prévue dans une semaine.

Il m'annonça que seule ma participation à la manifestation était retenue.

Il m'apprit qu'un autre avocat avait plaidé, également en ma faveur.

Ce dernier avait présenté au juge une brochette de notables pour témoigner de ma probité.

Mes anciens instituteurs, les deux professeurs des collèges et le père de Madeleine étaient de la partie.

Le père de Madeleine avait demandé audience au juge pour solliciter sa clémence.

Il expliqua au juge que mon grand-père était son compagnon de lutte pendant la seconde guerre contre les

Allemands, il combattait sous le drapeau tricolore pour libérer la France.

Un geste de clémence à l'égard de son petit-fils serait souhaitable.

Les chefs d'accusation concernant les tracts et l'organisation de la manifestation avaient été abandonnés.

Optimiste, il me conseilla de maintenir simplement la déclaration faite précédemment devant le juge.

Effectivement, une semaine plus tard, le juge ordonna ma liberté provisoire avec astreinte de ne pas quitter la région en attendant mon jugement définitif qui aurait lieu au tribunal de la ville voisine dans environ six mois.

En rentrant au village après ces insoutenables mois de prison, les amis et voisins indigènes me réservèrent un accueil des plus chaleureux. Que de va-et-vient dans les deux minuscules chambres de mes parents, seul Kader n'était pas venu me voir, bien qu'il eût été innocenté dans l'affaire de la manifestation du FLN et son organisation active à laquelle nous avions participé, lui et moi.

Fernand était persuadé que Kader et moi étions en connexion avec les révolutionnaires, il ne comprenait pas pourquoi nous étions remis en liberté de sitôt.

Il tenta de convaincre le lieutenant pour nous arrêter à nouveau au motif que nous menions une campagne de sensibilisation auprès des étudiants en les incitant à manifester pour l'indépendance de l'Algérie.

En tout cas, Fernand avait carte blanche de son lieutenant pour traquer les militants ou supposer l'être pour obtenir des aveux.

Tortures, exécutions sommaires ou disparitions des citoyens suspectés étaient à son actif avec l'aide d'une section militaire composée essentiellement de jeunes européens du village avec qui nous avions grandi.

Il se glorifiait ouvertement de sa sale besogne et ne désespérait pas de nous arrêter tous, un jour.

J'appris d'ailleurs ce matin que peu avant que je ne sorte de la prison, des camions GMC bondés de militaires, avec à leur tête la jeep du lieutenant et Fernand, avaient ratissé le quartier et la maison de la famille de Kader.

Fernand et le lieutenant étaient venus spécialement pour arrêter Kader et d'éventuels complices.

Ne l'ayant pas trouvé, ils avaient sévèrement brutalisé les membres de sa famille, y compris les enfants, et menacé les adultes de les accuser de complicité avec les terroristes FLN s'ils ne disaient pas où se trouvait Kader.

Deux de ses cousins avaient été embarqués dans le camion et emmenés à la caserne militaire où étaient commises les pires tortures pour obtenir des aveux.

Mes parents avaient échappé à une telle rafle, car pour Fernand, j'étais encore en prison et donc à portée de sa main le moment venu.

À mon grand regret, mes amis européens n'étaient pas venus, non pas par manque d'amitié, mais surtout à cause de la psychose d'assassinat qui régnait entre les deux communautés, l'armée française et OAS du côté européen, les résistants FLN et ALN du côté algérien.

Mais c'était sans compter sur ces jeunes dont l'amitié d'enfance demeurait indéfectible, prête à braver les conventions établies.

Ainsi, le samedi suivant, c'est chez les amis Antoine et Jean, les fils du garde champêtre, nous nous retrouvâmes comme lorsque nous étions enfants.

Antoine et Jean, avec la complicité de leur père, organisèrent une petite fête en mon honneur en conviant mes deux autres amis, Madeleine et Gabriel.

Nous formions tous, depuis la préparatoire jusqu'à aujourd'hui, seize et dix-sept ans au plus, un groupe qui avait surmonté les vicissitudes de la guerre et la réprobation de certains qui désapprouvaient l'amitié interethnique.

Les enseignements respectifs au collège et au lycée avaient développé nos facultés de réflexion et, comme par un tacite accord, nous mettions les belligérants de cette innommable guerre dos à dos.

Nous étions tous autour d'une table garnie d'un superbe gâteau au chocolat et des sodas.

Avec la complicité de Madeleine, nous nous retrouvâmes face à face, nos pieds s'adonnaient ainsi, au-dessous de la table, à une chorégraphie sentimentale.

Nous tentions, difficilement, de cacher les émotions que pouvaient trahir nos visages, car madame Henri était assise avec nous.

Gabriel qui faisait semblant de ne rien voir s'approcha de moi, visiblement conciliant, puis me chuchota :

- Attends un peu que madame et monsieur Henri partent, nous avons prévu de faire une superbe fête.
- Les petites amies de Jean et Antoine ainsi que Nadia vont nous rejoindre juste après.

Madeleine, l'air bougonnant, s'adressa à son frère Gabriel :

- Mouchard, c'était à moi de le lui dire !

Monsieur Henri vient juste d'arriver, il se dirigea directement vers moi, avec un air faussement sérieux :

— Alors, petit voyou ! Tu manifestes maintenant avec le FLN pour ton indépendance ?

Madeleine partit au quart de tour :

— Ce n'est pas interdit, monsieur Henri, les Français aussi ont manifesté pour l'Algérie française !

— Whoow, répliqua monsieur Henri : Madeleine, tu as raison, mais tu défends qui au juste, ton ami ou sa cause, tout en esquissant un sourire aux lèvres, puis :

- — Et tout ce monde qui se déchire au lieu de s'unir pour le bien des deux communautés. Il y a de la place pour tous dans cette Algérie, bon sang ! Regardez, vous tous : un Arabe, des Français et moi qui ne sais même pas de quelle origine je suis. Nous sommes l'exemple type du vivre ensemble. Les Algériens ont droit à leur indépendance, les Européens ont le droit de vivre dans le pays qui les a vus naître, eux et leurs aïeux. Pourquoi alors tant de haine, tant de morts de part et d'autre ?
- Et flûte, à la fin !

— Papa, ne t'énerve pas, tu ne vas pas prendre la relève de Maurice AUDIN, lui dit son fils Antoine.

— Parlons-en, de Maurice ! Tué par les siens pour avoir osé réclamer une simple justice à l'égard des indigènes.

Il faut dire que monsieur Henri était un communiste convaincu, il avait l'habitude des discours et la verve pour.

Dès que les parents étaient sortis, les trois filles, faisant probablement le guet à proximité de la villa, débarquèrent.

Démarrait alors notre première fête de post-adolescence, danses langoureuses, corps contre corps frétillants, des baisers et des caresses amoureuses.Une fête sans les décors et les paillettes, encore moins du champagne, hormis l'intense bonheur que ressentaient les amoureux, de temps à autre, nous buvions un verre de limonade fraîche et pétillante pour agrémenter l'ambiance.

Avant même que nous nous dispersions, nous entendîmes une assourdissante déflagration qui semblait venir du centre du village.

Madeleine et Gabriel reçurent un appel téléphonique de leur mère qui leur demandait de rester là où ils sont.

Un attentat vient de se produire dans une brasserie dans la rue principale du village et l'on ne sait pas encore le nombre de morts et de blessés.

Dix minutes après déferlaient des militaires, armes prêtes à tirer, à leur tête, le cynique Fernand.

Ils encerclèrent la maison, puis pénétrèrent à l'intérieur, Fernand, avec quelques autres soldats, se dirigèrent tout droit vers moi.

Tous les amis présents se sont mis autour de moi pour faire barrage.

Madeleine en tête interpella Fernand :
- Tu viens pour nous gâcher notre fête, c'est ça ?
- Non, je viens arrêter un de vos amis terroristes !
- Il n'y a pas de terroriste ici.
- C'est ton chéri l'indigène !
- Tu délires, Fernand
- Non, il y a eu un attentat dans le village et ton chéri est soupçonné d'être l'auteur.
- Dis plutôt que tu prétextes l'attentat pour venir nous empester la vie !
- De toute façon, il a été avec nous tous, au moment de cet attentat.
- Si tu veux l'arrêter injustement, alors arrête-nous tous car personne ne te laissera faire.

Fernand fit signe à ses soldats de repartir, en y ajoutant :
- De toute façon, il ne m'échappera pas, je l'arrêterais un jour.
- Et vous, en côtoyant les indigènes, vous risquez de l'être aussi.

Chapitre VI
Départ involontaire dans le maquis

Un jour, pour renouer avec les bonnes habitudes, je partis acheter des beignets pour le petit-déjeuner du matin en famille.

Je fus accosté par deux militaires.

— N'aie crainte, nous ne te voulons pas de mal, rejoignez-nous dans la voiture là-bas, on t'expliquera.

Je m'approchai de la voiture indiquée avec mon paquet de beignets à la main.

Un des militaires me fit signe de monter.

Sa tête ne m'était pas inconnue, mais je n'arrivais pas à le situer avec précision.

— Est-ce que tu reconnais l'un de nous deux ?

À vrai dire, habillés comme ça, en militaires !

— Peut-être toi, mais…

— Si je te dis : « Le grenadier, c'est un pied de pomme de terre » ?

— Ah oui, c'est clair maintenant,

— Tu es donc Hamid, l'homme qui nous a contactés au lycée pour organiser la manifestation

Mais qu'est-ce que tu fais en militaire ?

— Tu vois, dans les harkis, il n'y a pas que des traîtres !

— Bon, assez parlé., si l'on nous interpelle aux prochains barrages militaires, tu réponds : « On va au match en ville. » D'accord ?

En cours de chemin, je découvris qu'Hamid, le caporal-chef des harkis, était en fait un collaborateur du FLN qui avait gagné ses galons pour se trouver dans l'équipe du lieutenant du village.

Il m'affirma qu'un responsable du FLN a été arrêté et que je figurais sur les documents trouvés chez lui comme étant un militant ;

Le chef de la région avait demandé mon exfiltration immédiate avant que je ne sois arrêté, et c'est donc sa mission d'aujourd'hui.

Après avoir passé quelques barrages militaires, nous arrivâmes dans une ferme.

Vinrent à notre rencontre deux hommes.

— As-tu du tabac à chiquer ? questionna Hamid.

— Oui, mais seulement en feuilles, lui répondit l'un des deux hommes.

En fait, c'était le mot de passe du jour.

La ferme était située à peine à un kilomètre d'un aéroport militaire.

Elle s'avérait être un point de relais du FLN.

La proximité de cette ferme était probablement stratégique. Qui aurait pensé que des fellaghas se trouvaient seulement à un kilomètre de la caserne des militaires français ?

Alors que cette dernière était parsemée de guérites et de sentinelles, du côté relais du FLN, c'étaient de simples bergers qui faisaient le guet et donnaient l'alerte aux passeurs en chantant à haute voix des chansons codifiées.

Hamid me présenta aux deux hommes :

— C'est le jeune lycéen qui participa à l'organisation des manifestations au village.

— Vous devez lui faire rejoindre le maquis en passant par la filière habituelle.

— Il y a urgence, il faut qu'il parte dès la nuit tombée.

— D'accord, ça sera fait comme prévu, répondirent les deux hommes presque en chœur.

Ils nous invitèrent ensuite à prendre un café vite fait.

Avant de repartir avec son collègue, Hamid me révéla que deux jeunes militants avaient raté un attentat contre Fernand et le lieutenant et qu'ils ont été tués.

— Les repérages avant l'assassinat ont été mal faits, dit-il.
— Ils devaient les abattre à un mètre de la porte du salon de coiffure, mais un autre militaire imprévu était assis à l'entrée du salon, tenait une arme, prêt à tirer au moindre mouvement suspect. Le coéquipier a fait le signe à son collègue de ne pas tirer.

Finalement, ce sont ces deux jeunes qui furent abattus peu après leur tentative d'assassinat par un groupe de militaires qui faisait la ronde dans les rues du village.

Leurs corps ont été exposés sur la place principale du village comme un trophée de guerre.

— Mais Hamid, ça aurait été plus facile pour toi de les assassiner puisque tu le côtoies chaque jour ?
— Il faut croire que je suis probablement plus utile à la révolution dans d'autres actions.

Hamid le caporal-chef des harkis et son autre collègue-harki étaient en fait, des collaborateurs acquis à la révolution algérienne.

Hamid était une source précieuse de renseignements émanant du ou des proches du lieutenant.

Et, grâce à son statut de harki gradé, il pouvait faire passer des armes et des militants du FLN dans sa voiture sans être inquiété dans les barrages militaires.

Son autre collègue, sous la casquette de harki, son rôle consistait à organiser les désertions parmi les harkis enrôlés malgré eux dans l'armée française et à collecter des cotisations, un impôt que payaient tous les citoyens pour financer la révolution dans les camps de SAS, des regroupements de harkis et de leur famille.

Et il ne manquait pas d'arguments, disait-il !

Pour empêcher les paysans de nourrir et d'accueillir les maquisards de l'Armée algérienne, les militaires les avaient parqués dans des camps et enrôlés de force dans l'armée comme harkis.

Les régions où ils habitaient avaient été déclarées zones interdites par l'armée avec interdiction d'y revenir pour exploiter leurs terres.

Ils percevaient un maigre solde de militaire de 3 francs par jour pour nourrir leur famille et étaient le plus souvent utilisés comme chair à canon lors des opérations de ratissage contre les révolutionnaires.

Ils étaient doublement pénalisés : déconsidérés par les Français et assimilés à des traîtres par leurs concitoyens.

Quelques brebis galeuses, engagées volontaires plus pour des raisons financières ou de vengeance que par idéal, étaient les plus redoutables.

Il y avait aussi les anciens maquisards retournés par les services secrets de l'armée française.

À la nuit tombante, nous entamâmes notre périple.

Une marche continue, dans des terrains hostiles, depuis la nuit tombante, jusqu'au lever du jour.

Le passeur ne semblait pas éprouver de fatigue, contrairement à moi qui peinais à avancer.

— Allez, courage, on doit arriver avant la levée du jour !

Facile à dire ! Presque dix heures de marche sur un terrain chaotique pour quelqu'un qui, pour toute expérience, n'avait fait qu'une marche de deux heures, et encore, en terrain plat !

Nous arrivâmes enfin. J'avais hâte de poser mes fesses n'importe où pourvu que je sois assis.

Le passeur avança vers les hommes qui venaient à sa rencontre. Ils semblaient bien se connaître.

Ils s'embrassèrent, car la poignée de main était moins courante dans ce milieu, puis se dirigèrent vers moi.

Je m'étais déjà assis sur le premier rocher à proximité pour reposer mes pieds.

Je me ressassais le pourquoi de cette pénible et incertaine destination, pourquoi allais-je me trouver dans le maquis avec les résistants, pour une simple manifestation.

— Voilà le militant à exfiltrer, dit le passeur. Ce sera un autre groupe qui viendra le chercher la nuit suivante.

— Nous avions été prévenus de votre arrivée, tout est prêt, répondit l'un des hommes.

— Venez, nous allons à l'arrière de la bâtisse, un lieu discret où vous allez manger.

Nous nous trouvâmes tous réunis autour d'un grand plateau en cuivre, sur lequel étaient déposés des mille trous, une sorte de crêpe maison, des quartiers de *tamina*, des galettes, une théière et un grand bol de lait.

Le déjeuner terminé, je m'allongeai dans un coin.

Le sommeil me terrassait et les douleurs dans les muscles de mes jambes allaient crescendo.

J'ai dormi huit heures d'affilée, je ressentais encore quelques douleurs musculaires, mais je me suis bien reposé.

Entre-temps, l'effectif avait augmenté.

Le passeur était reparti, remplacé par deux maquisards de l'ALN en treillis, assis à quelque trois mètres de distance.

D'un seul coup, je vis un autre gaillard vêtu en militaire rentrer à reculons, la tête baissée, comme pour cacher son visage. Il se dirigea droit vers moi.

Arrivé à environ un mètre de moi, il se retourna subitement.

Bon sang ! C'est Saïd, mon ami du village !

Je me relevai comme une fusée et enlaçai mon ami d'enfance, que je n'avais pas revu depuis son départ pour le maquis, il y a un peu moins d'un an.

Ses deux autres compagnons nous regardaient d'un air attendri.

— Hé ! Viens voir, je te présente le chef de cette mission. C'est grâce à lui que je suis là, quand j'ai appris que l'homme à exfiltrer c'était toi, je me suis porté volontaire et il a bien voulu m'accepter dans son groupe.

Et Saïd enchaîna :

— Tu sais, aux dernières nouvelles, le lieutenant et Fernand ont eu accès aux documents trouvés chez le chef local de l'ALN blessé et capturé lors d'une embuscade. Ils savent maintenant que c'est toi, le fameux jeune lycéen, l'un des organisateurs des manifestations au village, et ils étaient hors d'eux. Ils ont arrêté puis torturé une vingtaine de personnes suspectes à leurs yeux, y compris des jeunes de ton quartier et de celui de notre ami Kader, qui a été exfiltré juste à temps par un autre circuit du FLN. Pire, Fernand, profitant de cette aubaine, a fait une descente chez nos amis européens pour faire montre de l'autorité que lui confère son statut d'officier militaire. Il avait malmené le garde champêtre, le communiste et ses enfants supposés être nos complices puisqu'ils ne cachaient pas leur sympathie pour l'indépendance de l'Algérie. Et aussi ta chouchoute Madeleine qu'il avait traitée de complice et d'amie de terroristes en faisant allusion à toi et à Kader. Le père de Madeleine était allé voir Gaston, l'adjoint au maire, pour se plaindre du comportement inadmissible de son fils Fernand. Ils ont failli se battre. Le patient et pacifique père de Madeleine avait probablement d'autres raisons que la maltraitance de sa fille Madeleine. L'adjoint au maire était à la tête de l'organisation du front de l'Algérie Française (FAF) et fervent soutien de Joseph Ortiz et Jean-Jacques Susini, les deux jusqu'au-boutistes de l'Algérie française, qui tentent de rallier les militaires et les civils du village, à leur action.

— Mais d'où tiens-tu ces informations, toi ?

— Ce n'est pas « le téléphone arabe », mon ami, mieux que cela, c'est « le téléphone du FLN ». L'organisation collecte, par ses informateurs, le moindre détail sur ce qui se passe dans la région, y compris ton amour pour Madeleine !

— Tu as des nouvelles de mes parents aussi ?

— Non, pas spécialement. Tu vois, ajouta-t-il comme pour éluder le sujet, tu aurais mieux fait de ne pas participer à la manifestation, tes parents sont maintenant fichés comme fils et mère de terroriste.

Fernand, notre ex-ami du village, déjà prédisposé à faire du zèle dans l'armée, est devenu furieux depuis qu'il a échappé à l'attentat contre lui et le lieutenant.

— Comment se fait-il que l'assassinat de ses mercenaires ait été raté ?

- Il y a eu un imprévu de dernière minute, me dit-il. Le lieutenant est un sanguinaire depuis la guerre du Vietnam, il a retrouvé un autre Vietnam en Algérie, c'est un militaire de carrière et tuer un autochtone, c'est comme écraser une mouche pour lui.
- Celui à qui j'en veux le plus, c'est Fernand, notre ami d'enfance. Il a grandi avec nous, il a partagé nos joies et nos jeux, bien que plus âgé que nous, son père a fait fortune grâce à la sueur des autochtones qu'il opprimait et exploitait. À voir comment il est devenu maintenant, je sacrifierais ma vie pour lui faire la peau et je jure que je n'hésiterai pas à le faire.

Le chef de mission qui suivait attentivement notre discussion intervint péremptoirement :

— Nous nous battons pour la liberté et l'indépendance de notre pays et pour l'extraire du joug du colonisateur. malgré la tentation de vengeance, car nous avions tous, un père, un frère, un cousin soit tué, torturé ou emprisonné par l'armée française, mais soyons dignes, laissons la pratique de la vengeance à l'adversaire.

Nous entendîmes le son répétitif d'une flûte, utilisée par les guetteurs pour donner l'alerte.

Le responsable du relais entra subitement dans la chambre :

— C'est un avion !

— Il faut peut-être rejoindre discrètement la cache ?

Le vétéran-chef de mission n'avait pas l'air inquiet.

— C'est quel avion, le jaune ou celui en forme de banane ?

— Oui, le jaune.

Il fit un geste comme pour dire « laisse tomber », puis il ajouta :

— C'est juste un avion de reconnaissance, on ne bouge pas.

— Vérifiez quand même s'il n'a pas laissé des traces de fumigènes en repérage.

— De toute façon, c'est bientôt la tombée de la nuit, on va pouvoir repartir.

— Prépare-nous ce qui est prévu, d'accord ?

Le responsable du relais s'en alla, puis revint un quart d'heure plus tard avec un baluchon contenant probablement l'argent des cotisations qu'un responsable politique du FLN avait déposé dans ce relais.

Il sortit des figues, des dattes et des triangles de *tamina* (sorte de gâteau à base de farine grillée et de dattes écrasées).

Chacun de nous prit une part de ces aliments très nutritifs au cas où l'on se trouverait isolé dans le maquis.

Saïd et ses deux collègues reprirent chacun son arme.

Le chef ôta de sa ceinture un pistolet qu'il me remit en ajoutant :

— Tu laisses le cran de sûreté en permanence. On préfère mourir sur-le-champ d'honneur, pas par accident !

Nous empruntâmes un sentier broussailleux, puis le flanc d'une rivière en direction du prochain poste de commandement de l'armée de libération nationale.

Je marchais sur les pas de Saïd qui, avec bientôt un an dans le maquis, avait acquis les rudiments de la marche à travers brousse et montagne.

Arrivé à une bâtisse à flanc de montagne, un homme se dirigea vers nous et nous embrassa à tour de rôle.

Près de la cour se trouvaient trois chevaux sellés.

Serait-ce notre prochain moyen de transport ? Me demandai-je.

— Quel est le rapport de ces deux derniers jours questionna le chef en s'adressant à l'homme.

— Depuis ce matin, il y a eu des vols de reconnaissance de deux avions jaunes, depuis le poste où vous étiez jusqu'à une dizaine de kilomètres d'ici. Après, il y a eu l'hélicoptère « à la tête de mouche » qui volait en rase-mottes. Je n'ai pas pu voir s'il a atterri ou pas, à cause du sommet de la montagne. Je l'ai vu reprendre les airs environ dix minutes après.

- C'était un hélicoptère modèle Alouette 1 de l'armée française. Ils ont probablement déposé des militaires avec liaison radio, pour les repérages des fellaghas, comme ils le disent. Ils préparent sûrement un ratissage dans le secteur. Si tu vois des hélicoptères en forme de banane ou les avions à deux queues, tu lances l'alerte générale par les moyens habituels.
- D'accord, les chevaux sont prêts, ils sont dans la cour, vous les laisserez en arrivant dans le prochain poste.

— Allez les jeunes, en route, vous dînerez avec vos rations de survie d'hier, nous ordonna le chef.

À propos des possibles militaires équipés de liaison radio, si nous les attaquons, l'armada militaire va venir dès qu'ils ne recevront plus des messages radio. Si nous les faisons prisonniers, nous n'aurons pas le temps de les remettre au prochain poste de commandement de l'ALN. Donc, nous allons contourner le lieu où ils se cachent, conclut le chef.

Trois chevaux pour quatre personnes ; le moins bien loti, ce serait forcément moi.

Effectivement, nous partîmes à deux sur le même cheval avec l'ami Saïd, mais c'était déjà bien mieux que l'éprouvante marche.

Nous arrivâmes enfin sur les hauteurs d'une montagne difficilement accessible, couverte d'une forêt dense et parsemée d'abris souterrains, comme une vraie galerie de taupe.

L'ami Saïd s'approcha de moi et comme pour me taquiner, il me lança amicalement :

— Single ou double lit pour toi ?

— C'est ça, moque-toi

— Dormir dans une grotte, je préfère mon lit à la maison !
Saïd continua de plus belle :

— Demain, tu vas avoir une grande surprise ! Et ce n'est pas ta chérie Madeleine au destin incertain !

— Saïd, tu m'énerves ! Qu'est-ce que tu entends par « Madeleine au destin incertain » ? Espèce de jaloux, va !

— Une jeune fille pied-noir, mariée avec un indigène, ne rêve pas trop mon ami, même si son père, l'Albert Camus du village, t'a à la bonne, il ne s'exposera pas à la risée de la communauté européenne du village.

— Bon, laisse tomber Saïd, alors c'est quoi la grande surprise qui m'attend demain ?

— Tu ne pourras jamais deviner. Un peu de patience, voyons.

Saïd m'accompagna jusqu'au dortoir aménagé dans une grotte

En rentrant, je vis assis trois jeunes garçons habillés en militaires, leurs pataugas encore aux pieds.

Ils ne semblaient pas plus âgés que moi, dix-huit ans au plus.

Bien que terrassé par le sommeil, je me joignis à eux.

— D'où viens-tu toi ?

Tu es lycéen aussi ?

— Oui

Et vous, d'où venez-vous ?

— Nous venons tous les deux du même lycée technique, ajouta l'autre.

Le troisième jeune enchaîna :

— Moi je m'appelle Brahim, je suis un simple paysan de la région

J'ôtai juste mes chaussures et tombai immédiatement dans les bras de Morphée.

En me réveillant, les trois jeunes garçons n'étaient plus là, probablement partis à l'entraînement.

En pointant le nez dehors, je fus aussitôt hélé par Saïd, il m'informa que le chef de la région qui devait nous recevoir a été accroché avec sa section cette nuit dans un ratissage avec les parachutistes du général Challe, ils se sont bien sortis, mais ils devront rester jusqu'à ce que le ratissage soit terminé.

Leur chef El Garmi est un habitué de ces combats, il nous rejoindra bientôt.

Ce nom ,serait-ce mon oncle qui porte également ce nom, il avait rejoint le maquis il y a cinq ans.

Saïd repartit rejoindre un groupe de maquisards armés réunis au pied d'un arbre.

Deux autres groupes étaient également assis, mais autour d'un plat, en train de manger.

Parmi eux, les trois jeunes recrues, l'un d'eux, Brahim me fit signe de les rejoindre.

Je vis un grand plat de couscous dans lequel tout le monde piochait. Pas de sauce rouge ni de viande, un grand bol remplit de petit-lait avec lequel on arrosait le couscous de temps en temps.

Brahim m'interpella à mon arrivée :

— Tu ne le sais peut-être, mais je te connais déjà ?

— Ah bon !

— Ton oncle c'est notre chef de région, il est du même village que moi.

— Et toi tu es probablement son neveu qui venait en vacances à la ferme

— C'est exact !

— Dis-moi Brahim, comment es-tu arrivé ici ?

— Quelle version veux-tu entendre ? Celle, en détail, des gens de la ferme de ta grand-mère ou sommairement la mienne ?

— Les deux, tant qu'à faire, lui répondis-je.

— — D'accord. Je commence par la ferme.
- Une garnison de militaires s'est installée dans la ferme.
- Les militaires ont créé un camp de regroupement à la place, parqué dedans tous les habitants et enrôlé les plus jeunes d'entre eux dans une section de harkis. La garnison de militaires sur place, les harkis nouvellement engagés et des parachutistes venus par avions en appui ont ratissé toute la région. Ils ont ensuite déclaré zone interdite tout le secteur en aval des montagnes en précisant à la population que toute personne qui se rendrait dans cette zone serait automatiquement abattue sans sommation.
- Il y a eu un accrochage mémorable entre les maquisards du poste de commandement de l'ALN et les militaires français stationnés dans le secteur et les harkis nouvellement engagés. Du côté français, comme pour servir de bouclier, les harkis ont été positionnés en tête

de l'offensive, la plupart d'entre eux étaient originaires des douars environnants. Du côté maquisards, en face, c'étaient des gens natifs de ces mêmes douars aussi, ils avaient rejoint volontairement les rangs de l'ALN pour libérer leur pays ou fuirent lors des bombardements des fermes il y a quelques années. Ironie du sort, dans le camp des harkis comme dans celui des maquisards, il y avait des hommes de la même famille qui se tiraient dessus. Même les enfants de notre propre groupe, d'amis de l'époque, enrôlés dans l'un ou l'autre camp s'entre-tuaient sans le savoir.

— Les colons, avec l'appui des militaires sont devenus les maîtres de la région. Ils ont acquis le droit de vie et de mort sur les indigènes sur simple suspicion, même ceux qui travaillaient pour eux dans les fermes.

— Un jour, les maquisards ont tendu une embuscade au plus redouté des colons et à son fils, en guise de punition exemplaire pour les autres, disaient-ils.

— J'avais servi de guetteur pendant quelques jours pour repérer les mouvements du colon et son fils qui se rendaient chaque vendredi au marché à bestiaux du

village, car il était impossible de les abattre dans la ferme du fait de la présence constante des militaires.
- Les maquisards ont réussi à tuer le père et son fils ainsi que les deux militaires qui les précédaient dans une jeep.
- Plusieurs d'entre eux ont été tués ou blessés.
- J'étais présent lors de cette attaque, ma mission était de récupérer les armes des militaires tués, deux mitraillettes MAT49 et un fusil US17, l'arme préférée de nos chefs de l'ALN.
- Avant de se replier, deux des maquisards, enragés à cause de ce qu'ils avaient fait endurer à leur famille, avaient dépecé les corps des colons au couteau et éparpillé les têtes, les pieds et les mains sur le lieu de l'embuscade, une atrocité qui ne se justifiait pas, mais devenue quotidienne autant du côté des militaires français que de celui des maquisards.
- Je suis donc resté avec le groupe de maquisards qui avait tendu cette embuscade. Après deux jours de marche nocturne et un accrochage avec l'armée française sur notre chemin, le groupe m'avait déposé ici.

— Et le plus extraordinaire dans tout cela, c'est que j'avais deux mitraillettes en bandoulière et un fusil entre les mains sans savoir m'en servir.

— Et vous, les deux autres jeunes, racontez-nous votre histoire, leur demanda Brahim.

— Nous sommes de jeunes militants FLN dans notre lycée. Nous agissions sous le commandement de notre responsable politique du FLN local, qui n'est autre que notre propre professeur.

— Il nous encadrait dans notre mission qui consistait à sensibiliser les jeunes lycéens pour qu'ils rejoignent les rangs de la révolution et défendre leur patrie. Nous leur expliquions que la révolution avait besoin d'eux pour être les futurs cadres de l'Algérie indépendante.

Comme prévu, le jour suivant, ce furent des exercices intensifs de tirs en alternance avec une mitraillette et un fusil d'assaut, sous l'œil critique d'un formateur.

Nos entraînements durèrent plus de trois mois, mais il n'y avait pas que cela.

Accessoirement, je servis de secrétaire en dactylographiant des lettres en français pour des appels à contribution financière ,envoyées à de notables bourgeois ainsi que des lettres de menaces, contre les collaborateurs, ou des sentences de mort, à ceux ayant trahi la révolution.

Saïd restait affecté au service Renseignements et Liaisons qui collectait principalement les informations générales émanant des responsables politiques en ville.

Il avait été promu sergent et avait accompli plusieurs missions d'embuscade avec des succès contre les militaires français, mais aussi des pertes dans ses rangs.

Lors des confrontations avec les militaires français, il s'aventurait à arracher la partie sécable de la plaque d'identification des soldats morts du camp adverse en espérant, disait-il, retrouver le nom de notre ennemi d'enfance Fernand ou de ses comparses de notre village.

Il trouva le corps d'un jeune camarade européen de son quartier, qui accomplissait son service militaire.

Un jour, un haut gradé était venu nous faire un discours :

— Le général de Gaule s'est prononcé le 1er juillet 1961 pour un État algérien, conformément au résultat du référendum en métropole et en Algérie plébiscitant notre indépendance ; mais pour nous, la guerre de libération n'est pas finie, nous continuerons nos batailles, d'autant qu'un autre ennemi est venu contrer notre combat, il s'agit de l'organisation OAS qui tue en ville nos citoyens et même les Européens favorables à notre juste cause.

— Je passe la parole à votre chef pour vous donner davantage d'informations.

Babana prit à son tour immédiatement la parole :

— L'indépendance de notre Algérie est incontournable, c'est une question de mois.

— **Nous devons d'ores et déjà commencer à organiser notre transition vers la paix. Certains parmi vous seront affectés prochainement dans les villages pour sensibiliser notre peuple et préparer ainsi notre transition vers la prise en main de notre pays.**

— **Une formation vous sera dispensée avant votre départ pour assurer cette mission.**

En début d'après-midi, Saïd m'annonçait que le chef voulait me voir personnellement.

Il m'accompagna jusque chez lui.

— Bonjour, jeune homme. Je suis Babana, le chef de cette région.

— Tu sais que je connais ton oncle Elgarmi, lui et moi sommes de la même région

- Tu n'as pas eu la chance de le rencontrer, car lui et moi étions partis en mission pour ralentir la progression des parachutistes dans les montagnes voisines afin qu'ils ne puissent pas atteindre notre poste de commandement.
- Cela a duré presque un mois, heureusement de manière discontinue. Nous tenions farouchement nos positions en harcelant, par petits groupes de maquisards, les militaires français, jusqu'au jour où l'aviation militaire française largua des bombes au napalm pour sécuriser la zone et nous faire déguerpir. J'ai assisté ce jour-là à un véritable enfer : les hurlements, les corps de nos pauvres maquisards gisant par terre en train de se consumer sans que l'on puisse faire quoi que ce soit pour les secourir. Dieu merci, la majorité de nos

effectifs ont réussi à décrocher à temps. Hélas, ton oncle Elgarmi faisait partie des victimes de ce maudit napalm. Il est mort héroïquement, car il ne voulait pas abandonner ses compagnons d'armes.

Ce fut un grand moment d'émotion. Babana ne réussit pas à retenir ses larmes et les miennes coulaient déjà à flots. Babana, comme pour se ressaisir, déclara :

— Ton oncle Elgarmi était un révolutionnaire de la première heure, son courage était exemplaire et tout le monde lui reconnaissait un humanisme débordant. Je l'ai connu à peine âgé de 19 ans, dans les montagnes, en amont de la ferme de sa mère. Il avait mené et organisé l'attaque du village lors du soulèvement du 20 août 1955 ; une réussite sans conteste pour un jeune de son âge.

J'entendais les éloges de Babana, mais mon esprit vaguait dans le souvenir des bons moments que j'avais vécu avec mon oncle du temps où, gamin, je passais mes vacances chez Grand-Mère.

Même si je n'avais pas vu mon oncle depuis l'âge de 12 ans, il ressurgissait subitement dans mes pensées et j'avais du mal à accepter sa mort.

Babana me demanda de faire à nouveau office de secrétaire avant notre départ vers les villes et villages.

On a mis à ma disposition une machine à écrire portative et un duplicateur à alcool pour la reproduction des tracts.

En fait, il n'y avait rien à traduire ni à dactylographier,

Nous recevions des lettres déjà imprimées cachetées du sceau du FLN et signées par le responsable de la Wilaya.

J'avais juste à rajouter le nom, le prénom et la ville du destinataire.

J'étais sûr de voir figurer les noms du vétérinaire et celui du garde champêtre père de mes amis et c'était le cas.

À mon grand étonnement, il y avait aussi celui du docteur du village alors que je le croyais partisan de l'Algérie française.

La lettre type disait en gros ceci :

Vous n'avez pas combattu notre juste cause ni entravé politiquement notre révolution.

Vous serez des nôtres pour construire l'Algérie nouvelle.

C'est votre pays aussi, vous pouvez y rester avec confiance, nous vous le garantissons.

Vous pouvez opter pour la nationalité algérienne ou conserver la nationalité française, les deux options sont compatibles pour édifier une nouvelle vie dans l'Algérie indépendante.

Les noms des extrémistes, qui prônaient une Algérie française tel que Gaston, ses fils et les autres villageois du même acabit n'y figuraient pas ou se trouveraient probablement sur une autre liste rouge à laquelle je n'avais pas accès.

La première lettre que je traitai fut celle destinée au père de ma dulcinée, Madeleine dont je me languissais. Madeleine occupait toujours mes pensées, chaque fois que Saïd évoquait son nom en me taquinant, mon cœur battait la chamade, et pourtant je ne sais même pas ce qu'elle était devenue ni ce qu'elle allait devenir.

Je fus presque tenté de rajouter sur la lettre destinée à son père un post-scriptum, dans le genre : « Madeleine, reste, reste, par amour ou par amitié, attends-moi »

Les souvenirs des meilleurs moments, passés avec Madeleine, ressurgissaient inconsciemment dans mon esprit me rappelant l'autre combat que nous devions mener elle et moi, contre les réprobations des gens de notre village qui condamnaient notre amour au seul prétexte ethnique.

Deux autres questions me taraudaient l'esprit : me pardonnera-t-elle de m'être éclipsé sans la prévenir et comprendra-t-elle aussi que j'y étais contraint pour une raison de sécurité. Sans doute que si, me disais-je, comme pour me réconforter.

Le jour est venu pour notre départ

Nous partîmes à la tombée de la nuit, chaque groupe vers sa destination connue seulement du chef de groupe.

Une nuit, alors que nous étions en marche le long d'un *oued* à la lisière d'une forêt dense, nous entendîmes soudain au loin des coups de feu et de canon, légèrement audibles ; une unité des révolutionnaires a dû accrocher des militaires français en faction.

Quelques minutes plus tard, nous vîmes deux énormes projecteurs largués par un avion sur le lieu de l'accrochage.

La lumière qu'ils dégageaient était tellement intense que nous nous réfugiâmes précipitamment dans la forêt pour éviter d'être repérés.

Nous avions attendu le lever du jour pour continuer notre marche

En arrivant, Saïd m'avait promis de me faire connaître en détail tous les évènements marquants de la région depuis notre départ pour le maquis, et particulièrement ceux concernant nos amis et familles du village.

Nous avions convenu d'en discuter.

Saïd et moi nous nous revîmes le lendemain de notre arrivée.

Nous choisîmes un coin en retrait du groupe pour pouvoir discuter tranquillement.

Saïd commença :

— Nos amis ont tous été appelés pour leur service militaire. Gabriel avait demandé son affectation en métropole, il a été muté dans l'Oranais. Jean et Antoine, les fils d'Henri le rouge, ont opté pour le statut d'objecteur de conscience, ils ont refusé de porter les armes et l'uniforme militaire, ce sont les deux jeunes les plus haïs de la communauté européenne du village.

La majorité des autres jeunes se sont soit engagés ou ont été appelés pour leur service militaire.

Entre-temps, le sinistre Fernand a pris du galon, il est maintenant Sous-lieutenant ; il a réussi à incorporer dans son peloton la totalité des jeunes recrutés du village. Son insolence a semé le trouble au sein même de la caserne entre les soldats pieds-noirs et les appelés du contingent.

Fernand avait interrogé et torturé nos parents après notre départ au maquis. Ton père avait déclaré que tu avais embarqué clandestinement dans les cales d'un bateau.

Quant à moi, je suis supposé avoir été tué lors d'une rixe entre des malfrats dans les ruelles de la proche grande ville. Kader est mort il y a à peine deux mois lors d'un accrochage avec le peloton de Fernand.

Alors qu'il décrochait avec son groupe après l'affrontement, il a eu la fâcheuse idée de revenir sur ses pas pour retrouver le Sous-lieutenant Fernand et le tuer, il a reçu une rafale de mitrailleuse FM24 positionnée sur l'une des crêtes du champ de bataille.

Parmi ceux qui accompagnaient Kader et qui ont été tués, il y avait également deux jeunes de ton quartier. Fernand a eu la macabre idée de ramener leurs corps et les avait exposés pendant une journée sur la place du village comme un trophée de chasse.

Nous avions appris plus tard qu'avant de jeter les corps dans un charnier, Fernand avait coupé la tête de Kader puis s'était fait photographier en la tenant entre ses mains. En matière d'atrocités, Fernand l'apprenti avait largement dépassé son maître sanguinaire.

Sa réputation en tortures et exécutions sommaires est devenue légendaire dans la région, tout le monde avait peur rien qu'à entendre son nom.

Ton ex-chef du FLN local lui a tendu une embuscade il y a à peine un mois. Une jeune et jolie militante avait réussi à l'aguicher et lui avait donné rendez-vous dans un restaurant ; un pistolet 9 mm était déposé dans une cache dans les toilettes. Au moment où elle revenait des toilettes et s'apprêtait à lui tirer dessus, elle fut criblée de balles par deux civils attablés dans le restaurant. Fernand avait probablement pressenti le piège, il avait posté deux militaires en tenue de civil dans l'établissement avant de se rendre à ce rendez-vous galant. L'OAS a pris racine dans notre village, c'est Gaston, le père de Fernand, qui est le chef de l'organisation locale, son autre fils François le seconde dans cette infâme mission. Ils plastiquèrent deux magasins d'Algériens dans le village, y compris la librairie. Ils avaient tué à bout portant un notable indigène du village et blessé grièvement, monsieur Henri le rouge. Ils menaçaient tous les Européens du village qui ne s'alignaient pas sur leur thèse de l'Algérie française, le vétérinaire et le médecin du village ont été menacés.

Je bouillonnais de rage.

Une question autre me brûlait les lèvres à propos de Madeleine et de sa famille, mais comme Saïd me chambrait chaque fois à propos de Madeleine, j'hésitais à la lui poser.

Puis, comme envahis par le doute :

À quoi bon, me dis-je, je n'ai pas vu Madeleine depuis presque un an ; un amour si contraignant pour elle, peut-être avait-elle renoncé sous la pression de son entourage et choisi déjà un autre homme de sa vie, autre que l'indigène que je suis.

Mais finalement, je pris le risque de poser la question :

— Saïd, tu as d'autres nouvelles de nos amis du village ?

— Des nouvelles de Madeleine, tu veux me dire ?

— Sincèrement, je ne saurais te dire.

Une réponse emplie de non-dits, surtout de la part de Saïd qui, depuis plus de deux ans, était attaché au service des renseignements et relations du FLN, chez qui atterrissaient toutes les informations, fussent-elles peu importantes.

Saïd ajouta :

— Par contre, j'ai une autre nouvelle pour toi. Demain, tu iras rencontrer ta mère.

— Mais, Saïd, tu es fou, c'est risqué de faire venir ma mère non !

— Ne t'inquiète pas, j'ai tout organisé avec le maximum de sécurité avant que tu ne viennes ici. Ta mère ne t'a pas vu depuis presque un an.

Je rencontrai ma mère heureuse de me revoir enfin.

Avant de repartir, elle me raconta une histoire sidérante et touchante à la fois, elle me disait :

- Madeleine est venue me voir voilà à peine quinze jours. Alors que je la voyais d'habitude au domicile de ses parents, cette fois, elle est venue courageusement dans notre propre maison.
- Elle n'a cessé de pleurer en m'enlaçant et en m'embrassant.

— Je ne savais pas comment la consoler en français et je me suis mise à pleurer autant qu'elle.
— Puis elle m'a remis une lettre pour toi.
— En partant, elle a mis ses deux mains sur son cœur en me disant au revoir
— Voici ta lettre, conclut ma mère en me la tendant

Je me précipitai pour ouvrir et lire la lettre de Madeleine que voici :

« Cher Caramel,

Je ne sais pas si tu es de ce monde, mais ton cœur bat en moi et me rassure, tu ne peux qu'être vivant. Depuis nos six ans, nous avions été des camarades, puis des amis et finalement, des amoureux précoces et maladroits, probablement à cause de notre timidité commune.

Souviens-toi, nous faisions parler les personnages des romans d'amour à notre place en soulignant les phrases et en entourant les photos ou encore les contacts furtifs de nos jambes ou de nos mains sous la table ainsi que nos regards complices.

À peine douze ans, c'était déjà dans ces gestes-là, dans ton regard malicieux et tes yeux attendris, que je détectais tes plus belles déclarations d'amour. Et puis vint la saison de nos quinze printemps et la divine bénédiction de tante Gisèle qui nous permit de vivre passionnément notre amour.

Au lycée, après ton départ, les tentatives des soupirants s'arrêtaient avant même de débuter, car ton cœur était dans mon corps et me servait de rempart contre les tentations.

Fernand n'a cessé de me harceler et, faute de m'avoir séduite, il a tenté vainement de me détourner de ton amour.

C'est le contraire qui s'est produit, je t'aime davantage et adhère à la noble cause que tu défends, la liberté de ce pays qui nous a vus naître sans se poser la question de nos origines, lui.

Mon père tient tête aux menaces de l'OAS orchestrées par Fernand et son père Gaston.

Maman et moi sommes en France, mon père avait jugé bon de nous envoyer chez Grand-Mère pour notre sécurité.

J'ai remis cette lettre à ta mère avant de partir pour nourrir l'ultime espoir de te recontacter plus tard.

S'il te plaît, prends soin de notre amour, garde-le dans ton cœur comme je l'ai gardé dans le mien, scelle-le dans un coffre-fort et ne perds pas la clé. Je t'aime plus que tout mon Caramel. Madeleine. »

Chapitre VII

Enfin, le cessez-le-feu

La guerre n'est pas terminée pour autant, c'en est une autre qui commence, des règlements de comptes entre d'une part l'organisation de l'OAS qui usera ses dernières cartouches en prônant la terre brûlée en Algérie intimant aux Français d'Algérie le célèbre et triste slogan « La valise ou le cercueil ».

La majorité des Européens avaient quitté le village dans la précipitation, il reste une dizaine de familles en tout.

Quant aux indépendantistes, commença un autre bis repetita de l'exécution des « collabos » de l'après-guerre en France, la chasse aux harkis, ainsi que les collaborateurs comme les caïds qui occupaient des postes dans l'administration ou encore les indicateurs qui servirent l'armée française ainsi que ceux qui avaient dénoncé ou tué des compatriotes.

Des lynchages de la population et des exécutions sommaires, sans même attendre l'instauration d'un tribunal d'exception qui condamnera un grand nombre d'entre eux à la peine de mort immédiatement exécutable et d'autres à de lourdes peines de prison.

Les seuls épargnés de la vindicte populaire et de la résistance seront les harkis qui avaient aidé clandestinement la révolution en fournissant armes, médicaments et renseignements militaires à la révolution ou encore ceux qui, par leur comportement, n'avaient pas commis de sévices à l'égard de la population pendant cette affreuse guerre.

S'ajoutent à cela quelques accrochages entre l'armée de libération algérienne et l'armée française malgré l'interposition d'une force militaire de la force locale qui avait pour mission de faire respecter le cessez-le-feu et favoriser la transition entre les deux belligérants.

En cette fin du mois de juin 1962, nous avions quitté nos caches du maquis pour nous installer en ville dans les casernes militaires libérées par l'armée française.

Nous étions accueillis par la population comme des héros. L'on entendait scander « Vive l'Algérie indépendante » ou encore « gloire aux martyrs » et chose inimaginable, alors que nous patrouillions dans le village, des mères et des grands-mères, venaient nous embrasser, et parfois nous enlaçaient, particulièrement Said et moi, les plus jeunes du groupe, sous le regard, un peu jaloux de nos compagnons aînés.

La liesse populaire durera des semaines, les maquisards que nous étions furent élevés à la plus haute considération, des invitations à des repas somptueux et même des propositions de mariage pour sceller une alliance avec ces valeureux combattants qui ont libéré le pays.

Une autre liesse de grande envergure sera celle du 5 juillet 1962, la déclaration officielle de l'indépendance de l'Algérie.

Après tant de festivités, il fallait maintenant réfléchir au devenir du pays, et notre réinsertion dans la société civile.

Un premier défi était de construire de nouvelles institutions pour gérer le pays.

Grand nombre de maquisards seront désignés pour occuper des postes à responsabilité dans la nouvelle administration. Ils furent recrutés plus pour leur mérite révolutionnaire que pour leur diplôme.

Les jeunes collégiens et lycéens, ayant interrompu leurs études pour rejoindre la révolution, seront dans leur majorité sélectionnés pour aller faire des études à l'étranger et former ainsi les futurs cadres de la nouvelle administration.

L'ami Saïd et moi-même étions sélectionnés pour faire partie de ces futurs cadres de la nation.

Alors que Saïd s'extasiait par les études à l'étranger et sa future carrière, pour moi s'y ajouter une autre ambition : comment allais-je retrouver Madeleine, l'amour de jeunesse, partie en France quelques mois avant l'indépendance de l'Algérie.

Saïd, moi et quelques autres jeunes étions convoqués par un service de l'éducation afin de constituer nos dossiers de bourses pour nos études à l'étranger.

Bien que l'affectation aux écoles étrangères pour chacun d'entre nous fût déterminée par le service de l'éducation nationale, j'avais fait des pieds et des mains pour aller étudier dans une école dans le sud de la France, région où Madeleine était censée être chez sa grand-mère.

Ironie du sort, j'ai choisi la France, ce pays que j'ai combattu pour l'indépendance de mon pays.

Il y avait une autre raison à ce choix, retrouver Madeleine, rapatriée d'Algérie, dont notre amour était un des symboles du vivre ensemble entre les deux communautés, dans ce pays qui les a vus naître, pour peu que l'occupant renonce à l'injustice à l'égard des autochtones et éviter ainsi une guerre inutile.

Le départ du groupe d'étudiants dont je faisais partie était prévu pour la rentrée scolaire en France en septembre et attendre encore presque deux mois me paraissait assez long, j'ai envisagé de partir avant cette date, mais mes finances et surtout la sagesse de mes parents qui me conseillaient la patience m'ont assagi un peu.

Un jour, alors que je sortais de la maison, j'aperçus le facteur de notre quartier, il me faisait signe de l'attendre, je me suis empressé de le rejoindre, il me tendit une lettre qui m'était destinée, cachetée à Toulon, à l'arrière de l'enveloppe, figurait le nom de l'expéditeur, c'était mon ami Gabriel !

Dans la précipitation, j'ouvrais maladroitement l'enveloppe risquant même de déchirer son contenu, sous le regard étonné du facteur.

Je lisais la lettre de Gabriel tout en marchant vers la maison et il y avait de quoi, car elle contenait au moins sept pages.

Après avoir retracé les faits depuis que nous nous étions perdus de vue, il évoquait les bons souvenirs de notre amitié et nos escapades dans notre petit village.

Il commença ensuite à me décrire la situation désastreuse de l'accueil des rapatriés d'Algérie en métropole dont sa famille faisait partie, du rejet de la communauté pied-noir par les Français particulièrement ceux de la région sud de la France.

La communauté a été radicalement désorientée par le changement de pays et de mode de vie ; elle développait une haine encore plus sévère, non seulement à l'égard des

Algériens supposés être la cause de leur malheur, mais également contre le général de Gaule pour avoir abandonné l'Algérie.

L'accueil des harkis qui réussirent à venir en France était encore plus déplorable.

Ils les ont parqués dans des camps loin des villes comme des pestiférés.

Madeleine et sa mère étaient hébergées chez la grand-mère à Nice, une villa cossue dans laquelle elles se plaisent beaucoup malgré la grand-mère qui leur ressasse chaque fois la même chose à propos de l'Algérie.

Il en vient enfin à l'essentiel qui m'importe le plus, sa sœur Madeleine !

Il me disait que Madeleine allait beaucoup mieux que la dernière fois, sans me dire de quoi il s'agissait et qu'elle s'étonnait que je ne réponde pas à ses lettres.

À la lecture de ce dernier paragraphe, je sortis rattraper le facteur pour lui demander s'il avait bien reçu une autre lettre que celle qu'il venait de me remettre.

– Oui, je les ai remis en ton absence à ta mère.

Je remercie le facteur et suis reparti haletant à la maison pour questionner ma mère.

L'air contrarié, tenant les pages de la lettre de Gabriel entre mes doigts, à l'évidence ma mère avait déjà compris ce que je m'apprêtais à lui demander.

- Maman, où est la lettre de Madeleine ?
- Quelle lettre, mon fils !
- La lettre que Madeleine m'avait envoyée de France ?

L'air contrarié, elle ne me répondit pas sur-le-champ.

- Maman, tu nous as toujours appris à être sincères et ne pas mentir.
- Pourquoi me caches-tu la lettre que Madeleine m'avait envoyée ?

Embarrassée, elle finit par m'avouer le pourquoi.

- Je sais que j'ai mal agi, mais comprends-moi, mon fils
- Lorsque ton frère m'avait dit que la lettre provenait de Madeleine, je l'ai aussitôt cachée.
- Je craignais que tu m'abandonnes pour rejoindre Madeleine en France, car je sais pertinemment que tu ferais tout pour vivre avec elle.
- Et puis, il y avait également un autre sérieux souci, se marier avec une Européenne était très mal vu par notre communauté et même par ta propre famille, tu imagines les dénigrements et les commérages que cela aurait générés contre toi et notre famille.

— On n'est pas encore là maman, mais je comprends ton souci !

Elle partit retirer de sa cachette les lettres qu'elle me remit immédiatement.

Madeleine manifestait sa joie de me savoir vivant.

Elle me disait que j'étais son petit héros, que son amour envers moi était encore plus grand et qu'elle attendait impatiemment de me revoir.

Elle me disait aussi qu'elle s'était inscrite à la faculté de médecine de Grenoble dès la rentrée prochaine, que sa mère lui avait loué un studio à proximité de la faculté, notre nid d'amour si je venais à la rejoindre. Elle me précisa l'adresse chez sa grand-mère à Nice en promettant de m'adresser celle de Grenoble dès qu'elle sera installée.

Je voulais la rejoindre immédiatement, mais il fallait attendre la délivrance de mon passeport.

Je l'obtenais dix jours plus tard grâce à l'intervention d'un ami.

J'ai pris la première place disponible, dans l'avion à destination de Marseille, puis le train jusqu'à Nice.

Notre rencontre était des plus émouvantes, nous nous sommes promis de revivre intensément notre amour, construire notre bonheur dans un pays loin de la censure et des réprobations dans notre petit village d'Algérie.

Sa grand-mère était contre notre union comme l'avait été ma mère également, mais nous nous passerons de leur bénédiction.

L'auteur :

Sous le pseudo de Massine TACIR ou sous son propre nom, **Med Kamel YAHIAOUI**, *Ecrivain Essayiste et Editorialiste indépendant, nous révèle sa passion d'auteur éclectique grâce à ses œuvres :*

- **Le petit fellagha -** roman narratif pendant la guerre d'Algérie

- **Que se passe-t-il à TOBICOR,** roman sciences fiction

- **Berbères et Arabes, l'histoire controversée,** (essai)

- **Madeleine et l'indigène,** roman d'amour

- **Les secrets de la bâtisse,** roman sciences fiction

- **Maximes et Réflexions contemporaines** (essai)

- **Guerre d'Algérie, de l'amitié et de l'amour aussi**